I0116035

Djihadistes français,
à qui la faute ?

ALI MBAE Kamal

Djihadistes français, à qui la faute ?

Copyright © 2016 – ALI MBAE Kamal

ISBN : 978-2-9559194-2-2

© Publication 2016

Edition : ALI MBAE Kamal - 77140 Nemours

Achevé d'imprimer en décembre 2016

Dépôt légal : décembre 2016

A PROPOS DE L'AUTEUR

Né en 1971 aux Comores, Kamal ALI MBAE est diplômé de l'Institut supérieur de management de Dakar (2000). Il a travaillé à la présidence de l'Union des Comores, puis a occupé le poste de manager à OMNITIC. Installé actuellement en France, il travaille auprès d'une association d'aide aux migrants.

L'auteur est un passionné du phénomène djihadiste et a pris l'initiative de donner son point de vue sur ce thème qui fait la une des médias.

REMERCIEMENTS

Je remercie mes parents biologiques et plus particulièrement mon grand frère *Ahmed THANI* (que la paix soit avec lui), le premier bachelier de notre ville, pour m'avoir inscrit à l'école. A Monsieur Abdoulhamid BEN ALI MBAE, Monsieur Taoufik MBAE, Monsieur ALI MBAE Djamal, Monsieur et Madame Mohamed IBRAHIM pour m'avoir soutenu financièrement jusqu'à l'obtention en 2000 de mon diplôme supérieur de Management (bac+4) à l'ISM de DAKAR.

Ensuite tous les autres frères, sœurs et beaux-frères qui continuent de m'apporter un soutien moral.
A Madame Eliane Lamy pour avoir contribué à la réalisation de ce livre.

A Monsieur *Mahamoud ALI SOILIH dit « Lamartine »* qui m'avait donné 20 euros lors d'une mission au Sénégal lorsque j'étais étudiant. Sans lien familial, son geste reste inoubliable. Je ne saurais oublier tous ceux de près ou de loin qui ont collaboré à cet ouvrage.

Enfin, à ma femme *CHANFI Mmadina*.

Je dédie ce livre à mes enfants *ALI MBAE Salma et ALI MBAE Ilias* car c'est grâce à eux que j'ai le titre de « Papa »

INTRODUCTION

L'islam semble, ces dernières années, être un sujet médiatique incontournable. Il s'est hissé au sommet des médias faisant la une pendant longtemps. La première raison est largement inhérente aux faits malheureux et pessimistes de quelques délinquants, à savoir les problèmes socioprofessionnels de cette catégorie de français mal-intégrés ayant décidé, depuis un certain temps déjà, de faire leur carrière professionnelle dans l'économie souterraine, mais ensuite aux évènements tragiques de terrorisme ayant frappé la France depuis que celle-ci s'est engagée en Irak et en Syrie. Sans omettre les faits divers récurrents touchant au culte lui-même et ce qu'ils entrainent sociologiquement : le ramadan et les exigences qu'il suppose pour les musulmans pratiquants, la fête du sacrifice, le port de signes religieux dans l'espace public, les usages religieux dans le secteur des soins de santé mais également les enjeux économiques et commerciaux des produits halal. L'islam est souvent au cœur des préoccupations, mais la manière dont on en débat est réductrice. On se focalise essentiellement sur ce qui inquiète, avec une réelle méconnaissance de ses réalités.

La France, depuis quelques mois, est terrassée face aux attentats perpétrés par des groupes djihadistes formés pour la plupart par des ressortissants français au parcours décousu, endoctrinés facilement par un islam pathologique.

La France présente le plus de combattants islamistes envoyés sur les champs de bataille pour affronter d'autres musulmans considérés comme apostats ou complices d'un pouvoir non musulman sous prétexte d'une non application rigoureuse de l'islam.

Si l'habit ne fait pas le moine, le djihadiste n'est pas non plus assez barbu.

Ce livre intitulé « **Djihadistes français, à qui la faute ?** » se force à expliquer les raisons de l'existence d'un djihad français, et désigne à qui incombe la faute du djihad français ?

L'auteur prend position et affirme que le djihad français est dû :

- **à la pathologie de l'islam,**
- **aux assistants sociaux et les pyschiatres,**
- **aux réseaux sociaux,**
- **aux occidentaux,**
- **aux pays musulmans,**
- **aux immigrés de confession musulmane,**
- **aux prisons à écoles buissonnières, etc.**

Nous allons aborder en premier lieu l'interaction entre l'islam et le djihad, l'état du djihad en Occident, plus particulièrement en France. Ensuite, nous allons, entre autres, désigner à qui incombe la faute de ce djihad français et démontrer que le djihad crée un « effet bœuf » sur plusieurs niveaux.

Quant à la quatrième partie, l'auteur proposera ses solutions anti-djihad telles que la reconnaissance de la radicalisation comme étant une maladie, l'isolationnisme de l'État français, la dissolution de l'Union de l'Organisation de l'Islam de France et du Collectif Contre l'islamophobie etc.

In fine, l'auteur souligne les mérites du gouvernement français et de ses citoyens face à une crise de grande envergure qui aurait pu basculer à une guerre civile.

PREMIÈRE PARTIE

INTERACTION ENTRE L'ISLAM ET LE DJIHAD

Chapitre I – L'ISLAM

1.1 Définition de l'islam

L'islam est par définition la soumission, la paix et la pureté de l'esprit, un esprit porté vers la bonté et l'amabilité au point d'aimer son prochain autant que l'on s'aime soi-même, reconnaitre l'existence de Dieu, un dieu unique, créateur, pourvoyeur, protecteur, sage, lui reconnaitre le droit absolu et unique à la divinité, croire en ses messagers et prophètes, des livres révélés et se plier à ses préceptes annoncés par ses prophètes, entre prières quotidiennes, aumône, jeûne du mois de ramadan et pèlerinage. L'islam, contrairement au christianisme, est une des religions les plus développée en termes de précisions culturelles, absolument tout est dicté par le Coran et éclairé par la tradition prophétique jusqu'à la façon dont il faut manger ou soulager la nature humaine.

L'islam est une religion de paix et de justice qui recommande de ne pas torturer les otages pendant ou après la guerre. L'islam n'a rien à voir avec le terrorisme d'autant plus que celui-ci reflète le plus souvent des querelles politiques, comme ce fut le cas en 1991 avec le FIS Algérien qui s'en prenait à sa propre population pour faire fléchir le gouvernement algérien ayant annulé des élections législatives dont il était le gagnant. Cette religion compte aujourd'hui plus d'un milliard sept-cents millions de fidèles dans le monde et tire son origine dans la péninsule arabique.

La France compte également six millions de croyants, avec deux-mille mosquées réparties sur la France métropolitaine.

1.2 L'origine de l'islam

Avant la fin du VIe siècle après J.-C., la péninsule arabique est dominée par une société tribale. Éclatées, des tribus vivent de l'activité pastorale, et des légendaires razzias sur les caravanes marchandes entre l'Europe et l'Asie. On a donc du mal à imaginer que ces marchands continuaient, volontiers et calmement, à se faire dépouiller à chaque passage.

En 610, Mahomet a ses premières révélations. Lors d'une retraite dans une grotte, il reçoit la parole d'un dieu unique. Allah lui apparait dans ses visions. Membre de l'aristocratie de La Mecque, il s'oppose bien vite aux traditions polythéistes de sa famille.

En 622, c'est l'Hégire. Point capital de l'histoire de l'islam, Mahomet quitte La Mecque, chassé par ses chefs, mais compte une quarantaine de disciples. Il fonde une communauté à Médine. Le point de départ de l'expansion est ainsi la conséquence d'un exil.

Jusqu'en 628, la portée théologique du message de Mahomet grandit. La religion islamique s'inscrit dans la lignée judéo-chrétienne, reconnaissant ses prophètes. Mais la Trinité chrétienne est accusée de polythéisme. De fait, à Médine, il s'oppose aux juifs et aux chrétiens.

Quand Mahomet meurt en 632, l'islam est revenu à La Mecque, ayant converti ceux qui avaient chassé

Mahomet. La société est encore friable, les fidélités non unifiées. Paradoxalement, c'est le début des grandes phases de conquête.

1.3. État des lieux de l'islam français

Dit-on l'islam de France, l'islam en France ou l'islam français ?

De prime abord, l'islam crée toujours le débat même dans ses innombrables appellations. Moi, je préfère l'expression « *l'islam français* » à celle des autres, car il est lié à la nationalité française et à ses pratiques qui sont assez différentes d'un pays à l'autre.

Quant à son état des lieux, il y a cinq millions de musulmans, deux-mille mosquées, quarante-neuf établissements parascolaires, des organismes officiels et officieux.

Ces deux-mille mosquées sont ringardisées par celle de « *YouTube* » qui est restée incontestablement la plus fréquentée par les prosélytes car la mosquée virtuelle ne nécessite pas de déplacements.

Les musulmans sont pris en otage par des organismes comme le Collectif contre l'Islamophobie en France (CCIF) et l'Union des Organisations Islamiques de France (UOIF). Il s'agit là de deux organismes islamiques dont Monsieur Marwan Muhammad, leader du premier (CCIF) prône la lutte contre l'islamophobie, se prenant comme le Malcom X des franco-musulmans pendant que Monsieur Amar Lasfar (UOIF) chercherait à asseoir tant bien que mal un islamisme truffé de salafistes. De par son organisation d'évènement annuel, l'UOIF et ses partenaires pratiquent le prosélytisme.

L'islam français est anarchique. Il y a beaucoup plus de bordels que dans la caverne d'Ali Baba. Dans la caverne de l'islam français, on y trouve des musulmans normaux, des modérés, des salafistes, des alcooliques, des femmes voilées, des dénudées. Pire, on n'y trouve des braqueurs, des prostituées, des dealeurs et des spécialistes de la théorie du complot.

Il y a également des thèmes qui divisent la société. Il s'agit des plats halal dans les cantines scolaires, des médecins du genre et le sulfureux problème du burkini. Tous ces éléments créent des amalgames entre le bon musulman et le musulman toxique envers l'État, garant de la laïcité.

L'État a du pain sur la planche pour mettre de l'ordre afin de lutter contre le terrorisme, qui est le plus souvent un règlement de compte entre deux groupes religieux rivaux.

1.4 Les différentes catégories de l'islam et ses acteurs

1.4.1 L'islam normal

C'est l'islam normal qui est pratiqué par la majorité des musulmans du monde entier. Cette catégorie parle d'une majorité silencieuse avec des personnes qui respectent les cinq piliers de l'islam cités ci-dessus.
C'est cette majorité qui sert de modèle et ses membres sont partout dans le monde entier, représentant plus de 95 % des pratiquants, soit plus d'un milliard de croyants. Ils sont invisibles et font des appels aux fidèles afin que ces derniers ne succombent aux nombreux plaisirs d'ici-bas, tout en rappelant que nous sommes de passage sur cette terre et que la vie sur

terre n'est rien d'autre qu'une gigantesque salle d'attente où chacun de nous attend son tour.

Les musulmans de l'islam sans peine utilisent le saint Coran comme livre d'apprentissage et se méfient de toute interprétation. L'islam sans peine, c'est aussi l'islam facile, apaisé et accessible à tous. Est appelé « *musulman sans peine* » toute personne qui s'occupe de sa religion sans chercher à attirer des gens ou faire la guerre contre ceux qui ne le sont plus.

Cette catégorie regroupe à la fois les musulmans sans peine, normaux, stables et les musulmans muselés. Ils enregistrent énormément de victimes au motif qu'ils ne suivent pas les appels au djihad lancé par le nouveau Bilal franco-sénégalais malgré sa voix faconde.

1.4.2 L'islam moderne ou modéré

C'est l'islam selon lequel la vie d'un musulman est d'obéïr aux principes démocratiques, de l'émancipation de la femme, du culturel et de l'économie moderne.

L'islam modéré est estampillé par les principes occidentaux, revu et corrigé, en quelque sorte. Il est pratiqué dans plusieurs pays musulmans à l'instar du Maghreb, les Comores, le Sénégal, l'Indonésie et autres pays européens tels que la France, l'Angleterre. Les acteurs de l'islam moderne ont toujours tenu des positions ambiguës ; à chaque interlocuteur correspond un discours et une approche, aussi subjectifs que possible. Il s'agit là de la classe la plus détestée par les intégristes qui les considèrent comme d'ambitieux carriéristes escrocs religieusement et lâches.

Tarik Ramadan, Dali Boubaker, Hassen Chalgoumi, Marwan Muhammad symbolisent l'islam moderne aux niveaux national et international. Ils sont qualifiés d'interlopes, de louches, douteux et suspects. On tolère assez largement les interdits de bases, la relative nudité, la consommation de produits illicites, les mœurs dissolues, ce qui, à coup sûr, a le mérite de provoquer la colère des plus conservateurs.

Ici l'islam fait l'objet des débats télévisés, des conférences de presse, des séminaires, des visioconférences, de l'apprentissage du Coran sur internet, des voyages, des sites internet et des forums. C'est l'islam du caviar qui est à l'origine des exactions de nombreuses victimes. Dans l'islam modéré les femmes sont à moitié nues, la consommation des stupéfiants, le recours à la fornication et à l'homosexualité ne sont pas caviardés. Les actions des musulmans modérés sont contre-productives face à la sécurité de tous les citoyens. Outre le recours aux crédits bancaires, les jeux du hasard et la fréquentation des boîtes de nuit font partie de leur quotidien et provoquent les fous d'Allah. Ils sont accusés d'iconoclastes à cause de leur médiatisation relative à la mondanité.

L'idée de nommer Jean-Pierre Chevènement à la tête de l'organisme de l'islam de France déglinguerait la situation malgré la respectabilité de cet ancien homme d'état qui ne peut se garder de dire franchement ce qu'il pense.

1.4.3. L'islam à l'arraché

Cette catégorie de l'islam traite les Occidentaux avec acrimonie. On parle d'islam à l'arraché lorsque les partisans de cette catégorie forcent toute personne à se conformer à l'islam pour éviter de se faire décapiter. C'est le groupe le plus sulfureux de l'islam, qui crée la haine, la violence, la confusion, la terreur et les attentats non ciblés. C'est la minorité brutale qui abime l'islam contre la majorité silencieuse.

En effet, beaucoup de ses partisans ont un passé douteux concernant des trafics de stupéfiants, des braquages, des viols et se prétendent être des personnes pures venant sauver un islam en disparition, oubliant leurs démêlés avec la justice suite à ces affaires de banditisme. L'islam à l'arraché harcèle, nargue et terrorise les Occidentaux notamment « l'hexagone » où des mesures de sécurité se sont imposées au point d'annuler plusieurs évènements festifs comme celui de la Braderie de Lille.

Depuis les attentats de novembre 2015, l'État français essaie de s'adapter à la menace et songe à barricader les grandes villes françaises. Il est à l'origine d'un état d'urgence et du plan Vigipirate jamais instaurés en France, avec une présence policière sur les plages. Ce dispositif rend la France méconnaissable.

Omar Omsen et Fabien Clain sont les recruteurs les plus médiatisés de l'islam à l'arraché. Le premier était braqueur avant de se lancer à l'appel au djihad. Le Centre international pour l'étude de la radicalisation a déclaré que 80 % des victimes du djihad sont des musulmans. Les musulmans sont persécutés, traqués, harcelés, violés par des soi-disant frères musulmans, ayant la même croyance, qui leur font « un coup de Trafalgar ».

Les pratiquants de l'islam à l'arraché sont par interaction des djihadistes. Ces derniers ont jeté l'anathème à l'islam sans peine dont les croyants rasent actuellement les murs. L'islam à l'arraché crée un imbroglio à l'islam normal et rétrograde la confiance de celui-ci devant la France qui est une fenêtre ouverte du monde musulman au niveau de l'Occident. En conclusion, l'islam à l'arraché sous-entend le salafisme qui est un strapontin du radicalisme.

Toujours est-il que je ne saurais dire à qui revient la faute sans avoir parlé du djihad. Ce dernier constitue une phase importante avant de passer au vif du sujet.

Chapitre II – LE DJIHAD

Ne vous êtes-vous pas fourvoyés en menant un djihad dont le guide principal a le caractère d'un bad boy ?

Omar Omsen est l'exemple type d'un prédicateur médiatique ayant un passé d'ancien délinquant. Le djihad semble être une idéologie mal comprise, mal pratiquée, qui s'accapare de la presse et des médias internationaux suite aux désarrois contre le pays des droits de l'Homme. Les Occidentaux sont impuissants face à une campagne virale sur la toile au point de faire une interaction selon laquelle tous les djihadistes sont des musulmans, donc tous les musulmans sont des djihadistes.

Les musulmans de la religion de la paix, de la soumission sont pris en otage par des personnes ayant un passé proche de la délinquance puisque beaucoup d'entre elles étaient des trafiquants de stupéfiants avec des casiers judiciaires assez conséquents. Le djihad se joue sur la toile avant de faire un pas sur le terrain et Les Occidentaux semblent être battus à l'avance, car ils ne maitrisent pas les TIC *(Technologies de l'Information et de la Communication)* aussi bien que les djihadistes, quoiqu'elles soient leur propre invention. Nos enfants s'enrôlent avec un endoctrinement hallucinant qui est celui de vouloir faire rayonner l'islam afin de se voir attribuer une place au paradis. Des jeunes français aux yeux bleus sont devenus officiellement ennemis de la France commettant, entre autres, des attentats sur le sol français, et faisant la guerre en Syrie et en Irak contre la coalition française. C'est ainsi que je me permets de poser la question suivante : « *Djihadistes français, à qui la faute ?* ».

Je ne saurais répondre à cette question, qui se trouve être l'objet principal de ce livre, sans définir au préalable ce qu'est le djihad.

Nous examinerons ensuite les deux catégories de djihad : le djihad offensif, et l'autodjihad. Nous tenterons de comprendre pourquoi des jeunes français partent au djihad. Nous verrons également les différentes organisations djihadistes. Nous ferons l'état des lieux général du djihad en Occident, et l'état des lieux général du djihad en France, Nous étudierons l'enrôlement des personnes non circonspectes. Nous verrons quels sont les symptômes d'un futur djihadiste, d'où provient le financement des djihadistes français, la géolocalisation des djihadistes français, la traite des Français, quels ont été les principaux attentats en France depuis 2012, le « crowd-djihading » ou djihad participatif, l'inauguration d'Al-Qaïda en France. Nous nous demanderons « *Djihadistes français ou traîtres ? C'est là est le bât blesse* », et nous ferons enfin l'autopsie d'un djihadiste.

2.1 Définition

Selon le Docteur Muzammil Siddîqî :

«Le mot « Jihâd » ne signifie pas « guerre sainte ». Il désigne la lutte et l'effort. Les mots utilisés pour la guerre dans le Coran sont « Harb » et « Qitâl ». Le

« Jihâd », quant à lui, désigne la lutte sérieuse et sincère aussi bien au niveau individuel qu'au niveau social. C'est la lutte pour accomplir le bien et éradiquer l'injustice, l'oppression et le mal dans son ensemble de la société. Cette lutte doit être aussi bien spirituelle que sociale, économique et politique Le « Jihâd » consiste à œuvrer de son mieux pour accomplir le bien. Dans le Coran, ce mot est employé sous ses différentes formes à 33 reprises. Il est souvent associé à d'autres concepts coraniques tels que la foi, le repentir, les actions droites et l'émigration (Hégire). Le « Jihâd » consiste à protéger la foi de l'individu et ses droits. Le « Jihâd » n'est pas toujours une guerre bien qu'il puisse parfois prendre cette forme. L'islam est la religion de la paix, mais cela ne signifie pas qu'il accepte l'oppression. L'islam enseigne que l'on doive faire tout notre possible afin d'éliminer les tensions et les conflits. L'islam promeut les moyens pacifiques pour mener au changement et à la réforme. En réalité, l'islam insiste sur le fait que l'on doit s'efforcer d'éliminer le mal par des moyens pacifiques sans avoir recours à la force, autant que faire se peut. Au cours de l'histoire de l'Islam, depuis le Prophète – paix et bénédiction sur lui – jusqu'à aujourd'hui, les musulmans ont, le plus souvent, résisté à l'oppression et ont lutté pour la liberté par des moyens pacifiques et non violents. La guerre est permise en islam, mais uniquement lorsque les autres moyens pacifiques comme le dialogue, les négociations et les traités échouent. La guerre est le dernier recours et doit être évitée le plus possible. Son but n'est pas de convertir les gens par la force, ni de coloniser les peuples, ni d'acquérir des terres, des richesses ou une gloire quelconque. Son but fondamental est la défense des personnes, des biens, de la terre, de l'honneur et de la liberté, aussi bien *pour soi-même que pour les autres peuples qui souffrent de l'injustice et de l'oppression ».*

Aujourd'hui, il est défini comme l'acte par lequel, une personne ou un groupe de personnes se mettent en confrontation contre un autre groupe jugé de mécréance vis-à-vis de l'islam. L'utilisation de toute arme pour tuer des innocents n'est pas nécessairement un acte de guerre sainte ou de djihad.

2.2. Le djihad offensif

Il est le plus célèbre par son activisme inexpugnable, indescriptible avec un laïus contre ceux qu'ils appellent les mécréants occidentaux. Il est celui des attentats non ciblés pour écœurer les citoyens et mettre mal à l'aise les gouvernements occidentaux dont le programme éducatif est considéré par des nervis comme étant du « Boko Haram » c'est-à-dire mauvais par rapport à l'islam.

Il est celui de la guerre sainte prônée par l'émir noir Omar Omsen et Fabien Clain tendant à devenir un hagiographe dans le monde djihadiste. C'est le djihad le plus meurtrier, le plus lâche, facile à réaliser puisque les acteurs veulent devenir des martyrs. Ce genre de djihad, qui est d'ailleurs faux, transforme l'islam en champs idéologiques et de batailles armées. C'est le cas du chiisme et du sunnisme dont la guerre en Syrie et en Irak montre un bel exemple de djihad offensif, pourtant jadis faux, reflétant un islamisme politique contre des régimes jugés soit de mécréance soit moins démocratiques.

La ville de Nice a été victime d'un djihad offensif avec ses 85 personnes fauchées et plusieurs autres blessées, la nuit du 14 juillet 2016. Ce djihad offensif incarne le refus de la civilisation occidentale au point que le premier ministre français, Monsieur Manuel Valls, aurait parlé d'une « guerre de civilisation que la France doit gagner » pour que sa culture ne soit pas, de par la force, en déclin.

2.3. L'auto djihad

C'est celui de la lutte contre les désirs de soi, la fornication, l'abus des biens sociaux, la consommation de stupéfiants et l'application des cinq piliers de l'islam. Il est loin d'être celui d'une guerre sainte galvaudant, dépréciant, avilissant et dégradant l'islam. C'est le djihad le moins connu, le plus difficile à réaliser, d'autant plus qu'il ne fait aucun tapage médiatique. C'est un vrai djihad, quand bien même solitaire, contrairement au djihad offensif qui fonctionne en réseaux. Il est recommandé à tous les musulmans. Si vous ne buvez pas d'alcool, vous ne mangez pas de porc, vous ne faites pas la conquête des femmes, cela signifie que vous êtes aussi djihadiste, et pourtant vous ne menacez personne.

L'auto-djihad est appliqué par les musulmans sans peine. Ce djihad ne tue personne, car il engage une bataille contre soi. Il est pacifique, conciliant et les pratiquants acceptent bien les principes laïques d'un pays d'accueil comme la France.

2.4. Pourquoi partent-ils au djihad ?

Le départ au djihad est pour certains d'entre eux une façon d'avoir la liberté de vaquer à leurs occupations, car ils sont recherchés par les autorités françaises pour une infraction, un délit ou des actes de criminalité, alors qu'en Syrie, ils sont libres dans la nature. Et mourir sur le champ de bataille pour conquérir l'islam permet d'acquérir une place au paradis. Les djihadistes prétendent croire que c'est la voie la plus sûre, la plus facile et la plus courte pour accéder au paradis en tant que martyr. Le paradis est un lieu extrêmement confortable dont l'accès n'est pas à la portée de tous les musulmans. Ces derniers songent y être reçus ou y avoir une place, sauf que certains sont plus motivés que d'autres. Les candidats au djihad disent que la vie ne vaut pas la peine d'être vécue aussi longtemps, car toutes les âmes goûteront la mort. D'autres disent suivre une voix de stentor pour se rendre en Syrie, car nous sommes à la fin des temps.

L'auto radicalisation permet de quitter très rapidement ce monde d'ici-bas, qui est impur pour rejoindre l'au-delà. Ils partent au djihad pour aider l'État islamique à rétablir le califat. L'injustice sociale, l'abus de pouvoir, de confiance et la volonté de dominer les autres nations pour les empêcher de disposer elles-mêmes de la destinée de leur pays peuvent contribuer à ce fléau par des actes de violence.

Les personnes atteintes de la pathologie de l'islam n'ont jamais eu peur de la mort, car elles ne recherchent que celle-ci. C'est pourquoi il est très difficile de la part des Occidentaux de faire la guerre à des personnes qui n'ont pas peur de mourir, et qui ne se cachent pas devant l'ennemi. Le djihad en Syrie et en Irak est avec confirmation un faux djihad car il relève de l'islam politique.
Le djihadiste n'a pas besoin de nationalité ni d'une résidence fixe pour exister, d'autant qu'il cherche le

lieu où il pourrait accomplir ses missions monstrueuses. Dans la sphère djihadiste, il existe plusieurs organisations dont nous énumérons ci-dessous les plus importantes.

2.5. Les différentes organisations djihadistes

2.5.1. Pour l'Afrique

- Al-Mourabitoun,
- Ansar al-Charia,
- Ansar Dine,
- Al-Qaïda au Maghreb islamique,
- Boko Haram
- les Chebabs.

2.5.2. Pour l'Asie

- Abou Sayyaf,
- Al-Qaïda,
- Émirat du Caucase,
- Jemaah islamiyah,
- Lashkar-e-Toiba,
- Mouvement islamique d'Ouzbékistan,
- Mouvement islamique du Turkestan oriental,
- LesTalibans

2.5.3. Pour le Moyen-Orient

- Al-Qaïda dans la péninsule arabique,
- Ansar Beït al-Maqdess,
- Front al-Nosra
- État islamique en Irak et au levant (EIIL) ou Daesh

Ce dernier est à la fois le plus redoutable et le plus sulfureux. Il compte 31 000 hommes.

2.6. État des lieux général sur le djihad en Occident

La France, l'Allemagne, l'Angleterre, la Suisse et les États-Unis constituent la bête noire de l'État islamique dirigé par Aboubacre Al Bagdadi. Ces pays occidentaux constituent depuis 2014 la plus grande coalition militaire internationale jamais réalisée dans le monde, car elle regroupe actuellement 64 pays répartis sur l'ensemble de la planète avec la coopération de la ligue arabe. La coalition occidentale est composée de plus d'une douzaine de pays dont les plus actifs en Syrie et en Irak contre l'État islamique sont les suivants : la France, l'Angleterre, l'Allemagne, la Belgique, le Danemark, l'Australie, la Norvège, les Pays-Bas, l'Autriche, l'Irlande, la Suède et les États-Unis. La France est en tête de liste, suivie de l'Angleterre, l'Allemagne et la Belgique. Cette liste des pays occidentaux prouve combien le combat est assez difficile, et l'intervention militaire menée par les pays sous l'égide des Nations Unies nous permet de conclure que les Occidentaux se battent entre eux à l'étranger, puisque plus de 4 000 djihadistes viennent de l'Occident.

2.7. État des lieux général du djihad en France

C'est un état de stupeur, d'hébétude, de phobie, d'insécurité car personne ne sort ou ne marche dans la rue comme avant. Dorénavant, chacun regarde de loin, de gauche à droite et guette le regard des uns et des autres afin de ne pas faire partie de la liste des prochaines victimes.

La situation de « l'hexagone » est très préoccupante. Tout le monde a peur. En raison de l'état d'urgence proclamé et pendant toute sa durée, il est interdit de lancer de pétards afin d'éviter la terreur chez les personnes les plus sensibles. La xénophobie, la stigmatisation, les regards moqueurs mettent mal à l'aise les musulmans normaux, pacifiques.

D'ailleurs, la présence militaire partout en France nous fait croire que nous sommes à Tizi-Ouzou, une ville algérienne où les terroristes faisaient la pluie et le beau temps dans les années 1990. C'est à tort et à travers, que l'on accusait les banlieusards issus de l'immigration comme étant de nature terroriste. Mais non ! Loin de là. Les enfants des classes moyennes et de la bourgeoisie française représentent une partie importante de ceux qui veulent en découdre avec la France, arguant diverses calembredaines.

La France est encore une fois en tête de liste avec un contingent de 1 700 djihadistes enrôlés au combat, sans pour autant oublier que 4 100 personnes se reconvertissent chaque année dans toute la France, voire même dans des petites communes comme Nemours, une ville de Seine-et-Marne. La France est en guerre permanente contre le djihad qui s'impose de plus en plus sur son territoire. Les signalements aux autorités sur les actes de radicalisation restent toujours élevés. Depuis les attentats de novembre 2015, le plan Vigipirate est à son niveau le plus haut accompagné d'une déclaration de l'état d'urgence sans pour autant parler des initiatives louables pour endiguer la barbarie djihadiste.

Plus de 3 450 hommes et femmes sont détectés comme appartenant à cette filière djihadiste et 306 personnes sont recherchées par les renseignements généraux chargés de les fliquer. Plusieurs personnes sont étiquetées dans la catégorie des « cellules dormantes ». Force est de constater que ces gens sont souvent déclarés méconnus par la police, après un acte macabre. Omar Omsen, un français de Nice, est l'un des franco-djihadistes les plus recherchés. Déclaré mort en début 2016, il est cependant en vie. Il est l'ennemi public numéro un selon les autorités françaises à cause de ses prêches sulfureux et envoûtants qui ont inspiré Mohammed Merah, Mehdi Nemmouch, les frères Kouachi, et Yassine Salhi à opérer de façons différentes afin de compliquer le travail des enquêteurs. Les familles ne comprennent pas cet engouement non manifesté préalablement. La radicalisation se passe à la fois dans une chambre devant un ordinateur mais aussi par des mauvaises fréquentations.

La nouvelle DGSI, Direction générale de la sécurité intérieure, n'a pas baissé les bras dans sa traque des candidats au djihad, dont cinq personnes partiraient tous les jours en Syrie en passant par l'aéroport d'Orly, qui est la première porte de sortie, autrement dit « la porte du djihad ». Le ministère de l'intérieur, en la personne de Monsieur Bernard Cazeneuve, aurait présenté un projet de loi antiterroriste pour permettre à la DGSI d'atteindre ses objectifs qui sont ceux de la lutte contre le terrorisme par la radicalisation. Le parlement français a fini par voter le 18 septembre 2014, le projet de loi antiterroriste, quand bien même difficile à appliquer. Cette loi s'articule sur les trois directives suivantes :

2.7.1. Interdiction de quitter le territoire

Pour le ministre de l'intérieur, dès lors qu'il existe des raisons sérieuses de croire qu'un ressortissant français projette des déplacements à l'Étranger en vue de participer à des activités terroristes ou de se rendre sur un théâtre d'opérations de groupements terroristes, dans des conditions susceptibles de le conduire à porter atteinte à la sécurité publique lors de son retour sur le territoire français...». C'est le cas de plusieurs retournés.

2.7.2. Création d'un nouveau délit d'entreprise terroriste individuelle

L'objectif affiché est de créer un nouvel outil contre ceux qui se radicalisent individuellement, le plus souvent sur Internet, et passent à l'action sans contacter quiconque, parfois qualifiés de loups solitaires. Ces loups deviennent des anachorètes assez dangereux pour la société.

2.7.3. La possibilité de bloquer des sites internet faisant l'apologie du terrorisme

Pour Bernard Cazeneuve, ministre de l'intérieur français, l'autorité administrative pourrait désormais demander aux fournisseurs d'accès à Internet (FAI) de bloquer l'accès à ces sites, à l'instar de ce que le législateur a déjà prévu pour les sites pédopornographiques. Ces mesures du ministre de l'intérieur visent à calmer les ardeurs djihadistes. Mais pourtant il y a toujours un enrôlement sur les personnes non circonspectes.

2.8. L'enrôlement des personnes non circonspectes

Tout commence individuellement dans une chambre où la personne non circonspecte a une connexion facilement accessible, loin d'un coup d'oeil des parents qui croient le plus souvent que leur enfant est en train de réviser les cours ou de faire les devoirs.

Non ! Loin de là. Le futur djihadiste est sur les réseaux sociaux où il est connecté avec le monde entier, plus particulièrement, avec l'Irak et la Syrie. Il visionne des vidéos envoûtantes, commente des billets et reçoit des arguments selon lesquels ce monde d'ici-bas est un leurre, rempli d'illusions. Omar Omsen, dit « *Omar Diaby* », un niçois d'origine sénégalaise, est le principal gourou en matière de recrutement avec ses appels au djihad véhiculés sur des vidéos imbibées d'effets spéciaux. Plusieurs personnes continuent de répondre à son appel oubliant son passé chaotique, à savoir ancien braqueur des bijouteries de Monaco. « *Il faut quitter la France* » dit-il, « *pour préparer son entrée au paradis car les signes de la fin des temps sont visibles et un jour il sera trop tard pour se reconvertir à l'islam* ». Son studio 19 HH devient le cauchemar des Occidentaux avec une dizaine de vidéos qui incitent les personnes fragiles psychologiquement à se porter candidates au djihad. Le nouveau Bilal aime vilipender la France avec sa voix faconde. À 40 ans, il est le plus grand cyber djihadiste ayant fait basculer le plus de français vers le départ de ce qu'il appelle « *la Terre sainte* ». Des jeunes gens trahissent leurs familles, et abhorrent le pays des droits de l'Homme.

Selon Dounia Bouzard, 80% des jeunes candidats repentis au djihad ont fait la découverte des thèses radicales par le biais des vidéos de propagande djihadistes qui les auraient incités à quitter la France au profit du schème, la Grande Syrie. Le djihad n'est plus l'apanage des garçons et des hommes, les jeunes filles y prennent activement part, au point que la France compte plus de 155 filles parties en Syrie pour servir les hommes et donner naissance aux futurs combattants. Ou bien, ces filles s'activent sur le plan local à défaut de partir en Syrie et en Irak. Parmi celles-ci, Inès M., Amel S., Sarah H. et Ornella G., quatre femmes accusées dans la tentative d'attentat du 3 au 4 septembre 2016 à l'église Notre-Dame de Paris. Elles sont nombreuses ces filles qui souhaitent partir au djihad pour tourner le dos à notre beau pays, celui de la démocratie, de la protection sociale et de l'éducation pour tous. Comme disait l'autre, « que demande le peuple ? ».

2.9 Les symptômes d'un futur djihadiste

Toutes métamorphoses sont caractérisées par des symptômes avant-coureurs, et le djihad ne souffre pas d'exception. Tous les parents et proches d'anciens ou nouveaux djihadistes peuvent se rendre compte du changement comportemental d'une personne qui aspire devenir djihadiste, au pire être radicalisée.

Les symptômes qui devraient nous conduire à faire le premier diagnostic ou nous alerter sont les suivants :

1. la poussée de la barbe : une longue barbe est synonyme de piété,
2. mener une vie de plus en plus en retrait, presque reclus, réduisant au strict minimum l'échange verbal, évitant de répondre aux questions,

3. passer anormalement beaucoup de temps dans sa chambre,
4. le changement de mode vestimentaire : boubou et hidjab,
5. le contrôle des ingrédients sur les emballages alimentaires : rejet de toute trace animale non halal,
6. ne plus partager grand-chose avec ses frères et sœurs : repas, sorties...,
7. la création d'un club de lecture de coran : en vogue en Afrique,
8. l'abandon des films : ils sont illicites, il y a des actrices dénudées,
9. peu d'inclination pour la fréquentation de la gent féminine
10. le mariage précoce : lutter contre la fornication,
11. le changement de noms français en noms arabes voire des noms guerriers,
12. le développement d'une haine viscérale contre les juifs,
13. voir le complot à peu près partout,
14. le voyage pour le Moyen-Orient pour soi-disant apprendre la langue,
15. le voyage pour objectif humanitaire,
16. la possession d'un billet aller simple,
17. invoquer les effets de la traite négrière.

2.10 Le financement des djihadistes français

Le financement des djihadistes français est loin d'être d'origine qatarienne, saoudienne ou d'organismes internationaux ; il est « plus évident que l'on ne pouvait se l'imaginer. ».

Les djihadistes français sont en majorité des personnes démunies mais animées d'une volonté de partir, car elles sont obsédées par la haine. Tous les moyens sont bons pour s'offrir le précieux voyage vers la Terre sainte pourtant jonchée de cadavres. Le financement sert à réaliser un voyage vers l'Irak ou la Syrie.

Les futurs djihadistes utilisent des cartes bleues volées, des découverts bancaires, les aides de l'État du genre RSA, des sommes modestes servant à l'achat d'un billet aller simple avec en poche quelque monnaie servant de viatique pour payer au passeur. Le financement témoigne de leur volonté de s'y rendre sans se soucier de leur vie quotidienne. L'attentat de Nice vient nous surprendre avec l'utilisation de moyens ou d'outils atypiques pour terroriser les citoyens et jeter l'opprobre à l'islam.

2.11 La géolocalisation des djihadistes français

C'est la position géographique par laquelle on peut reconnaitre les villes françaises où certains citoyens sont impliqués au djihad avec turpitude.

Le constat est alarmant. Plusieurs villes françaises sont concernées, notamment :

- l'Ile de France, Nice, Toulouse, Lyon, Albertville, Marseille, Avignon, Strasbourg, Roubaix, Orléans, Trappes, Soissons, Brest, Lunel, Besançon, Bordeaux, Bosc-Roger-Roumois, Saint-Quentin-Fallavier
- et Saint-Etienne du Rouvray, la toute dernière ville passée aux mains des djihadistes.

Au total, plus de 84 départements sur les 101 sont impliqués dans ce fléau dont les auteurs ne sont que des laudateurs du djihad. À en croire cette géographie djihadiste, on est résolu à dire que la France est à la fois productrice et expéditrice de djihadistes et qu'elle est en passe de devenir une terre sainte avec ses deux-mille mosquées implantées dans « l'hexagone ». Les nouveaux djihadistes ne sont ni des habitués des mosquées, ni des barbus ; ils ne savent même pas lire le saint coran. Et pourtant, l'attachement à l'islam est à la fois indéfectible et zélateur.

2.12 La traite des Français

Le nombre de français engagés dans le djihad et ceux qui sont morts sur le front, militaires ou pas, nous incite à penser que nous sommes en face de la traite d'une catégorie de français, une vengeance ou un complot à l'envers.

Force est de constater que les vrais activistes du djihad sont en majorité d'origine française, à en croire des français autochtones et de la diversité.

Des anciens militaires font partie du contingent qui a pris un aller simple dans le but de tomber martyr pour gagner les plus hautes et honorables rétributions d'une place au paradis d'Allah.

La France compte à elle seule plus de deux-mille djihadistes y compris 155 femmes sur le combat en Syrie et en Irak.

Il est certain qu'une soustraction de la population française est savamment organisée, car depuis le printemps arabe, 220 Français sont morts soit en Irak et en Syrie, non compris ceux qui ont péri ou ont été blessés sur le sol français.

2.12.1 Les principaux attentats en France depuis 2012

Dates	Lieux	Armes	Coupables	Organismes	Nbre de victimes
01 au 15/03/2012	Toulouse Montauban	Armes à feu	Mohamed Merah	Loup solitaire	7
07/01/2015	Charly Hebdo - Paris	Armes à feu	Frères Kouachi	Al-qaïda	17
08 & 09/01/2015	Meurtre d'une policière Hyper Casher	Armes à feu	Amedy Coulibaly		4
19/04/2015	Meurtre Aurélie Chatelain - Villejuif	Armes à feu	Sid Ahmed Glam		1
26/06/2015	Chassieu – Saint-Quentin-Fallavier	Arme blanche	Yassin Salhi		1
13/11/ 2015	Le Bataclan - Paris	Armes à feu	Clients du club	Daesh	137
13/06/2016	Assassinat couple de policiers - Magnanville	Arme blanche	Larossi Abdalla		2
14/07/2016	Nice	Camion	Mohamed Lahouaiej-Bouhlel		85
26/07/2016	Assassinat du prêtre Jacques Hamel – Saint-Etienne du Rouvray	Arme blanche	Adel Kermiche Abdel Malik Petitjean		1
Militaires et civils morts au combat ou pas : au Mali, Irak, Syrie, Lybie, Afghanistan et, Cameroun					220
Total des morts					**475**

2.13 Le « crowd-djihading » ou djihad participatif

Le « crowd-djihading » ou djihad participatif est le phénomène par lequel le nombre des djihadistes augmente de façon exponentielle suite aux appels entre amis de même promotion, cousins, du bouche à oreille, de personnes de même famille par le canal des réseaux sociaux, des SMS et de l'impact presque hypnotique des médias qui en font un sujet incontournable depuis déjà quelques années.

Sur Facebook, aimer une publication, faire un commentaire, visionner une vidéo, partager et rédiger des billets sont source de djihad participatif, ce qui tend à amplifier le phénomène. On se rappellera du rôle qu'ont eu ces genres de procédés lors des révolutions arabes. Le djihad participatif est aussi caractérisé par des moyens dérisoires pour réaliser des attentats, et les appels sont intensifiés pour enrôler un nombre maximal de candidats au djihad. Le Cham, la Grande Syrie, fait l'objet d'appels incessants pour attirer le plus de candidats.
Les familles, les cousins, les amis, les camarades d'enfance, des filles et des mineurs sont embrigadés par de mini réseaux qui leur conseillent de déserter, d'abandonner la France pour aller s'engager dans une nouvelle vie, celle de la piété, celle que veut le Seigneur. Pour tout serviteur qui se respecte, il n'y a pas d'autres moyens. Ils sont donc incités à participer à un projet dans lequel ils risquent absolument de tout perdre y compris leur famille, et ce à cause d'un argument fallacieux et illusoire.
Ce phénomène qui mobilise les français fragiles (pour ne s'en tenir qu'à cette description) venant de toutes les villes a donné naissance au concept de crowd-

djihading par lequel les médias prennent involontairement partie aux désastres contre la France. Le djihad participatif peut également se qualifier comme étant une uberisation de celui-ci.

2.14 L'inauguration d'Al-Qaida en France

Le 8 janvier 2015, à 11 heures, fut la date d'une inauguration macabre d'un puissant organisme terroriste qui signa son implantation en France dans les bureaux du journal « Charlie hebdo » par l'assassinat de 12 personnes et 5 autres plus tard. La France est sous le choc mais tient bon, car elle ne se laisse pas aller aux stigmatisations. Les musulmans, les immigrés, les partis politiques étaient unanimes pour critiquer l'acte barbare des intégristes.

La grande manifestation nationale qui a eu lieu le 11 janvier 2015 a malheureusement validé la présence d'un organisme jadis assez éloigné de la France, et qui pourtant continue à la déstabiliser jusqu'à ce 14 juillet 2016 à Nice où le radicalisé Mohamed Lahouaijej-Bouhlel a commis l'irréparable en fauchant des dizaines de personnes sur la promenade des Anglais. Pis encore, Adel Kermiche qui, avec Abdel Malik Petitjean, a tué le père Jacques Hamel, le 26 juillet 2016.

Tous ces actes horribles montrent la présence de l'État islamique et d'Al-Qaida sur le sol français.

Depuis ces attentats, le peuple vit dans la stupeur, la peur, l'angoisse et les autorités ont du « pain sur la planche » en matière de sécurité. C'est la bérézina d'une politique d'immigration catastrophique.

2.15 Djihadistes français ou traitres ? C'est là que le bât blesse

Le pays des droits de l'Homme a-t-il logé le diable dans ses bourses ?

Partant de l'évidence selon laquelle la France n'est pas une terre sainte et qu'elle n'est pas majoritairement musulmane, on peut confirmer que les français qui font le djihad sur le sol français sont des traitres et non des djihadistes, puisque le but de leur combat est celui de faire du mal à la France, leur pays natal. C'est un coup de Jarnac.

Tout djihadiste français est comparable à un traitre contre la nation française tant que le combat ou la lutte ne s'exerce pas uniquement à l'étranger mais aussi sur le sol français. C'est là que le bât blesse ; pendant que tout le monde est mobilisé pour épauler le plan Vigipirate, d'autres continuent à le fléchir avec des actes barbares. De toute évidence, il n'y a pas de djihad en France selon les règles de l'islam. C'est un faux djihad.

2.16 Autopsie d'un djihadiste

Avant de parler d'une autopsie, il est important de parler des conditions meurtrières d'un djihadiste, qui ne sont pas souvent favorables à la réalisation d'une autopsie digne de ce nom.

Le djihadiste est une personne chargée d'explosifs sur tout son corps prenant le devant du combat sans aucune crainte d'être blessé ou de mourir. Il se fait cribler de balles par ses adversaires ou appuie sur ses détonateurs pour se faire exploser et ainsi produire le plus de dégâts. En conséquence, le corps d'un mort au combat est déchiqueté ou criblé de balles, ce qui rend impossible une autopsie, d'autant plus que leur hiérarchie ne se pose jamais la question.

L'autopsie d'un djihadiste est inexistante car les médecins légistes n'ont pas le droit d'accéder à un corps déchiqueté se trouvant dans le désert syrien ou irakien. Le corps d'un djihadiste enveloppé d'un tissu non conforme aux principes funéraires se fait déposer dans une tombe creusée à la hâte car la guerre fait rage à côté. Les parents d'un djihadiste mort au combat apprennent la mort de leur proche à partir d'un appel téléphonique, ce qui conduit à l'établissement d'un certificat de décès.

Cette façon de mourir sans tombe reconnaissable agace les familles qui d'ailleurs deviennent réticentes à retirer le corps de leur enfant djihadiste mort sur le sol français ou à l'étranger. Il s'agit là d'une des nombreuses plaies que les familles de terroristes endurent ; le plus souvent, leurs enfants sont tout simplement reniés car ne suscitant que honte, indignation, rejet et confusion. Au final, elles sont obligées de subir les conséquences du comportement d'un être qui leur a décidément causé beaucoup de tort dans cette vie, et après sa mort.

Aussi, il faut réfléchir sur les raisons qui poussent le radicalisé à préférer mourir et laisser sa famille, médusée par ses actes, être sur la sellette.

Pis encore, la tombe d'un djihadiste se trouvant dans le désert devient inaccessible pour la visite des proches.

À vous, les graines djihadistes, pensez à l'horrible situation de déshonneur dans laquelle vous laissez votre famille, situation qui jettera le voile sur elle toute la vie.

Comment le Seigneur peut-il encourager ce que tout parent ne peut qu'en être horrifié ? Tuer ou être tué, qui donc y voit la vie ? Prenez soin de prendre conseil auprès de gens sages, avant de commettre l'irréparable, et pour ceux qui ont l'habitude de la vie sous impulsion, que leurs proches, ou amis les incitent à prendre contact avec un psychiatre, ou à faire parvenir une demande d'internement volontaire pour un séjour en psychiatrie, comme il est de coutume aux USA, quand on soupçonne quelqu'un de s'écarter des repères universels.

Il est important de savoir que certains djihadistes ne sont pas musulmans et que tous les musulmans ne sont pas encore djihadistes, car le djihad en Irak et en Syrie n'est rien d'autre que de l'islam politique. De ce fait, c'est un faux djihad.
À présent, il est temps de se demander : à qui incombe la faute de l'existence d'un djihad français ?

C'est la faute de la pathologie de l'islam, des assistants sociaux, des réseaux sociaux, des Occidentaux, des prisons à écoles buissonnières, des pays musulmans, des politiciens et des médias.

DEUXIÈME PARTIE

À QUI LA FAUTE ?

Chapitre I – LA FAUTE DU SALAFISME, LA PATHOLOGIE DE L'ISLAM

Le salafisme est la principale maladie de l'islam, une pathologie incurable qui fait des ravages chez les jeunes de 14 à 33 ans, en effet facilement enrôlés afin d'être radicalisés.

Contrairement à ce qui est répandu, il existe deux courants salafistes : l'un pathologique et l'autre relatif à l'angélisme.

Mais avant de faire la distinction entre l'un et l'autre, il faut définir le salafisme.

1.1 Définition du salafisme

Le salafisme est par définition une application stricte de l'islam préconisant un retour aux sources du Coran et de la sunna appliquées pendant les années lumières de l'islam. Les partisans de cette idéologie sont ceux que nous appelons des salafistes pathétiques autrement dit des djihadistes ; et à l'opposé nous avons ceux qui sont pacifiques, tournés vers l'angélisme, loin d'une situation de radicalisation.

1.2 Le salafisme djihadiste, une pathologie de l'islam

C'est cette catégorie de l'islam qui est à l'origine du djihad en France et dans le monde entier, terrorisant les pays occidentaux avec ses actes de violence et de barbarie. Il pousse l'islam à bout et franchit le rubicon en dégradant l'islam dans un pays laïc.

Le salafisme pathétique est une maladie incurable de l'islam qui se développe dans le monde entier, et notamment en France métropolitaine où l'on dénombre douze-mille (12 000) salafistes toutes formations confondues et treize-mille (13 000) personnes fichées S ou P.A.R (*personnes à risques*). Le salafisme pathologique se manifeste également par des actes de lavage de cerveau, de manipulations, des campagnes d'intoxication contre le pays des droits de l'Homme. Il joue avec la peur des citoyens par la décapitation et l'égorgement des otages, alors que l'islam en interdit la torture et l'assassinat.

Tout cela est suffisant pour avoir maille à partir avec les autorités françaises garantes de la sécurité de tous les citoyens, qui n'ont toujours pas compris qu'elles sont en face d'une épidémie redoutable, et qu'il est temps de reconnaitre que le djihad est une pathologie à soigner comme toutes les autres maladies, d'où la nécessité de créer des centres curatifs pour confiner les « contaminés » et assurer les soins aux personnes victimes d'enrôlement. La maladie salafiste se transmet par un système de lavage de cerveau capable d'influer sur des personnes jugées normales. Force est de constater que toutes les catégories socio-professionnelles en sont embrigadées. Loin d'abjurer, le djihad est l'apanage des salafistes français.

1.3 Le salafisme relatif à l'angélisme

C'est le salafisme par lequel les actes de barbarie, de terrorisme, de kamikazes, de prises d'otages et de lavages de cerveau ne sont pas les bienvenus. Ce salafisme prône la sensibilisation à travers des prêches pour approfondir la religion sans les actes de violence ni restreindre la liberté d'expression ou nuire à la laïcité qui est l'une des valeurs de « l'hexagone ». C'est le principe de l'islam sans peine, normal et facile, exercé par la majorité des musulmans résidant en France et ceux de la planète.

Ce salafisme suggère et conseille d'aimer son prochain comme on s'aime soi-même. Il prône l'auto djihad qui consiste à faire le combat contre soi pour ne pas sombrer dans les pêchers contre l'islam, loin d'être un coup de Jarnac contre l'islam.

C'est l'islam le plus appliqué ou pratiqué par la majorité des musulmans du monde entier.

1.4 Quand les musulmans de France rasent les murs

Les propagandes djihadistes, la violence, la barbarie, les menaces, les décapitations, les attentats et le lavage de cerveau perpétrés par les djihadistes attristent la majorité des musulmans français au point que ces derniers rasent les murs pour éviter d'être indexés, stigmatisés ou agressés. A cela viennent s'ajouter les signes religieux, le refus de se faire soigner par un médecin de sexe opposé, l'exigence des plats halal dans les cantines scolaires et le port du burkini incitent à la réalisation des actes islamophobes, monnaie courante, tels que la dégradation de certains lieux de culte, la profanation des cimetières et les hostilités anti-burkini.

La religion de la paix est entre le marteau et l'enclume. Par conséquent, les pratiquants risquent d'être victimes de stigmatisation et du faciès par une catégorie de la population qui n'arrive pas à faire la différence entre les musulmans normaux et ceux à l'arraché. Les musulmans normaux et les autorités françaises sont au bout du rouleau à cause de ces fous qu'Allah n'a pas désignés.

Chapitre II – LA FAUTE DES ASSISTANTS SOCIAUX ET DES PSYCHIATRES

Un passé de délinquant existant et des fragilités psychiatriques détectables sont des symptômes d'un enfant futur djihadiste. C'est un fait négligé par les assistants sociaux et les psychiatres, alors qu'ils sont en charge de cette catégorie de citoyens ayant une maladie pas comme les autres, la fragilité psychologique qui les met en danger. Il est de leur responsabilité de veiller sur ces enfants en danger en les écoutant, les accompagnant et les orientant pour essayer de guérir un mal psychologique. Un signalement ou une alerte auprès des autorités policières et judiciaires suffirait pour sauver des enfants en graves difficultés.

Ces autorités auraient pris la relève pour éviter à ce que ces enfants ne tombent dans la grande délinquance qui les ramènerait vers le djihad voire la radicalisation.

En fait, la faute en revient aux assistants sociaux et aux psychiatres, à qui ces jeunes en errance et en mal de vivre se confient, mais qui n'émettent aucun signalement auprès des autorités compétentes. Ces enfants en danger sont des proies faciles pour être candidats au djihad. C'est une aberration de voir des enfants occidentaux, au chevet de l'islam devant des musulmans peu fréquentables, devenir paradoxalement dangereux avec l'aide des assistants sociaux qui assurent un rôle satanique, puisqu'ils poussent à bout certaines personnes sous prétexte d'un service d'encadrement et de lutte contre la maltraitance.

En conséquence tout le monde est médusé par les missions de certains assistants sociaux qui ne mettent pas à l'index le comportement de certains gamins.

Force est de constater que beaucoup de ces jeunes reçoivent des aides financières et un hébergement pour avoir dénoncé leurs parents, en les accusant de manque de responsabilité envers des mineurs.

Les psychiatres et les assistants sociaux jouent un rôle de Satan. Ils en sont fautifs et à l'origine du fléau djihadiste.

Chapitre III – LA FAUTE DES RESEAUX SOCIAUX

3.1 Définition d'un réseau social

Un réseau social est une interaction de plusieurs personnes qui dialoguent entre elles. Historiquement, l'anthropologue John Barnes (1918-2010), un australo-britannique, est le père des réseaux sociaux pour avoir inventé l'expression « *réseau social* » utilisée scientifiquement en 1954.

A la base, les réseaux sociaux servaient à faciliter la communication entre des amis, des personnes de même famille, du même groupe, de même promotion, éloignés les uns des autres. Au fil du temps, les réseaux sociaux ont évolué avec en partie un revers de médaille. C'est ce dernier qui nous interpelle pour avoir servi au recrutement des djihadistes.

Il existe une panoplie de réseaux sociaux, mais nous commenterons uniquement ceux qui sont célèbres, puisque les méthodes utilisées par les uns et par les autres semblent être les mêmes.

3.2 Facebook

S'il y a bien un réseau social incontournable pour la communication entre des personnes éloignées, c'est bien celui-là, pour le meilleur et pour le pire. C'est le réseau social qui fait le plus de peur aux états du monde entier. En effet, Facebook joue « la mouche du coche » c'est-à-dire attise les conflits. Il est trop dangereux et utilisé à tort et à travers avec son milliard d'abonnés dans le monde, puis ses quinze millions d'abonnés en France. Facebook constitue un poison abandonné à ciel ouvert contre la vie des personnes sensibles. C'est une pathologie virale. Facebook est plus dangereux que la bombe atomique qui semble être démodée par rapport au géant des réseaux sociaux. C'est une décharge virale au détriment de nos gouvernants et leurs citoyens. Si Mark Zuckerberg était originaire d'un pays du Tiers-Monde, notamment africain, il serait arrêté par les Occidentaux ou par son propre pays, car il contribue à l'affaiblissement des autorités qui luttent contre le djihad. D'ailleurs, on se demanderait pourquoi on recherche Edward Snowden et non Mark Zuckerberg.

Les Occidentaux n'ont toujours pas compris que pour lutter contre les stupéfiants, il faut s'attaquer aux planteurs, ou ce que les Colombiens appellent les « cartels » ; pareil pour les migrants, il faut tout simplement détruire les embarcations de fortune appartenant aux passeurs. Et pour le djihad en réseau, il faut mettre fin ou réduire l'utilisation de Facebook, afin de lutter contre l'enrôlement des personnes naïves via les réseaux sociaux. Il faut arrêter l'entreprise de Mark Zuckerberg qui est à l'origine de l'auto radicalisation au niveau local.

Facebook contribue au djihad participatif attirant du monde avec des « j'aime », des commentaires, des rajouts d'amis, des visites, des invitations, des vidéos de propagande dont les recruteurs se réjouissent, s'agissant d'un outil de recrutement très suffisant.

La plateforme fait le marketing de recrutement pour attirer les futurs malfaiteurs. L'armée française, une armée normale, fait de la publicité pour rajeunir ses effectifs pendant que l'État islamique cherche à remplacer les morts au combat.

Le Ministère de l'Économie numérique doit se pencher sur ce réseau qui contribue au djihad afin de limiter son application sur le territoire national. Le contrôle parental est désuet, car des enfants entre 10 et 14 ans s'enrôlent sur internet à travers de nouveaux terminaux, tels que les tablettes et les smartphones. Avec ces nouveaux terminaux, l'oeil des parents est déjoué. Les réseaux sociaux constituent aujourd'hui un vrai outil au service de la barbarie à l'échelle planétaire. Facebook a destitué des présidents, unit les gens pour des manifestations, déstabilise des couples, la liste n'est pas exhaustive. Il est aujourd'hui un serpent de mer avec son milliard d'adhérents et ses 108 langues, facilitant l'enrôlement des mélomanes de l'islam. Facebook est une cyber bombe, une bombe atomique virale qui détruit et sème le clivage entre des politiciens de même parti politique ou de même pays. La plateforme de Mark Zuckerberg cause des troubles sociaux majeurs et les Occidentaux ne se rendent pas compte de la terrible machine géante.

Les réseaux sociaux sont les maillons faibles de la lutte contre le djihad au point qu'ils deviennent insaisissables, avec une menace maximale. Facebook contribue à la disparition de la civilisation occidentale, car sa plateforme constitue un outil incontournable de sa destruction. C'est en quelque sorte le suicide de l'Occident.

3.3 YouTube ou la grande mosquée virtuelle

You Tube est une plate-forme d'enregistrement de vidéos que les gens peuvent à tout moment visionner à travers des chaînes personnalisées. Des vidéos envoûtantes appelant au djihad y sont enregistrées pour attirer les âmes fragiles qui peuvent succomber aux messages, surtout ceux d'Omar Omsen, invitant les gens à quitter la France considérée comme un pays de mécréants. Les nouveaux fous d'Allah sont fantasmés par des vidéos hypnotiques publiées par la chaîne 19HH du cyber djihadiste Omar Diabi avec une voix faconde, aux allures d'un bonimenteur. Malgré la fermeture en ligne du site officiel de 19HH, ses vidéos continuent de circuler librement sur YouTube et Dailymotion. La fermeture des chaines jugées contrevenantes aux règles d'utilisation de la charte de YouTube est une pseudo-solution ; en effet, il suffit d'un excès de zèle et en ouvrir une autre quelques minutes plus tard. Ce n'est donc pas un moyen de faire face à ce gravissime problème, mais un moyen d'éteindre l'incendie avec un verre d'eau. L'émir noir, un ancien faquin a posté beaucoup de vidéos en ligne, après avoir passé assez de temps dans les geôles françaises. La publication des évènements perpétrés par Amedy Coulibaly, le 8 janvier 2015, montre comment les réseaux sociaux contribuent à l'amplification du djihad.

A l'heure actuelle, You Tube est perçu comme étant une mosquée virtuelle qui aurait une capacité d'écoute assez élevée à celle de la mosquée de la place Monge.

L'imam de la mosquée virtuelle (You Tub) tel que le salafiste ABDOU HOUDAYFA est qualifié d'être assez percutant, d'éloquences, de très suivis et faisant basculer plusieurs personnes dans la radicalisation.

Le djihad est également la faute des réseaux sociaux.

Chapitre IV – LA FAUTE DE L'OCCIDENT

4.1 La définition de l'Occident

L'Occident désigne le lieu où se couche le soleil, mais également un ensemble de pays tels que l'Europe, la Nouvelle Zélande, l'Amérique latine, l'Amérique nord, l'Australie et l'Afrique du sud. L'ancien président Iranien le surnommait l'axe de Satan. L'occident se veut être un monde civilisé et donneur de leçons au reste du monde.

Par opposition, l'Orient désigne le lieu où se lève le soleil. Il regroupe les pays du monde arabe tels que, le Maroc, la Tunisie, l'Algérie, la Mauritanie, la Lybie, l'Égypte, le Soudan, l'Oman, l'Émirat arabe uni, le Qatar, le Yémen, l'Arabie saoudite, le Koweït, l'Irak, la Syrie, la Jordanie, le Liban, la Palestine ,le Bahreïn, et l'Union des Comores. Le président George Bush, père, le qualifiait de l'axe du mal pour avoir soutenu le terrorisme ou exercer le terrorisme d'État, en tout cas pour certains d'entre eux.

Le couple occident-orient autrement dit, Satan et l'axe du mal, s'affrontent et s'accusent mutuellement sur le plan de l'islam politique au point d'être suspecté de vouloir provoquer une troisième guerre mondiale avec la présence de la Russie qui soutient farouchement la Syrie.

4.2 La faute de l'Occident

Elle est celle de vouloir imposer sa culture comme mode de vie, indépendamment de l'aspect anthropologique, historique et culturel. Aujourd'hui, les Occidentaux se considèrent comme étant les seules sociétés civilisées de la planète, incorrigibles donneurs de leçons, comme ce fut le cas en 2006 au Mali où le président Sarkozy a tenu un discours condescendant devant les chefs d'États africains.

La culture occidentale imposée au Moyen-Orient et à certains pays du Tiers-monde a facilité l'émergence des groupes djihadistes. Le printemps arabe illustre un bel exemple de la folie occidentale qui aurait préféré la présence des rebelles au pouvoir à la place des personnes élues. Les occidentaux ont tout fait pour que survienne la distorsion du monde arabe. L'implosion de l'Irak et de la Syrie est telle, que le seul bénéficiaire est malheureusement l'islamisme radical.

Actuellement rien ne semble pouvoir instaurer la paix au cham car l'Occident a mis les pieds dans les plats. Tout le mal qui frappe la France vient d'une erreur occidentale.

4.3 L'Occident est un accident

« L'Occident est un accident » une belle expression de Roger Garaudy qui est en phase avec l'actualité.

Comment peut-on imaginer que les Occidentaux aient armé des rebelles islamistes pour accéder au pouvoir contre des régimes légitimes, qui d'ailleurs entretenaient de bonnes relations avec leurs citoyens de confession chrétienne ?

Saddam Hussein, Kadhafi, Ben Ali et Mohamed Morsi (en Egypte) n'ont-ils pas jeté des mauvais sorts contre la paix des occidentaux ?

Le hasard en est que les armes des régimes déchus du printemps arabe sont aux mains des djihadistes, et sont réutilisées contre les Occidentaux. De ce fait, la faute du djihad incombe également à l'Occident, car certains djihadistes considèrent leur barbarie comme un renvoi de l'ascenseur.

Le printemps arabe est une catastrophe occidentale qui a permis la reconversion de milliers d'Occidentaux convaincus de faire, à leur tour, la guerre contre l'Occident, c'est-à-dire leurs propres pays d'origine. L'aide aux rebelles pakistanais, kurdes, syriens et libyens démontre une fois encore la perversité des Occidentaux approuvant bel et bien l'expression de Roger Garaudy selon laquelle « l'Occident est un accident ».

C'est ce dernier qui est également à l'origine du djihad.

4.4 La démocratie

Pour Abraham Lincoln (1809-1865), la démocratie est le pouvoir du peuple par le peuple et pour le peuple.

Pour Winston Churchill, la démocratie est un mauvais système, mais elle est le moins mauvais des systèmes.

En démocratie, la souveraineté appartient au peuple. C'est ainsi que les Occidentaux imposaient, du Moyen-Orient à l'Afrique, la démocratie, les droits de l'Homme, la liberté d'expression à ceux considérés comme des « non civilisés ». Le donneur de leçons, la communauté la plus civilisée de la planète, a décidé de mettre fin à la dictature au sein des pays afro-arabes pour instaurer la démocratie telle que l'avait définie Winston Churchill.

Avertis, les régimes politiques du Moyen-Orient ne voulaient plus de l'idéologie occidentale, considérant celle-ci comme étant une ingérence dans leur politique nationale. Toutefois, cette démocratie, un pain béni, une idéologie appréciée par l'opposition politique va être au cours des changements de mentalité, et favoriser l'émergence du terrorisme au motif que certains véridiques des urnes ne sont pas respectés. Les Occidentaux ont lancé le train de la démocratie alors qu'ils continuaient à entretenir des relations avec des dictateurs afro-arabes. A titre d'exemple les élections législatives algériennes organisées en 1991 dans le cadre d'un processus de démocratisation. Ces élections étaient remportées par le FIS (Front Islamique du Salut) et annulées par le gouvernement. Tous les maux d'aujourd'hui viennent de cette mascarade électorale qui a été à l'origine d'un terrorisme importé vers la France, qui s'est matérialisé par l'attentat de la gare Saint-Michel en 1992.

La démocratie imposée par les Occidentaux justifie en soi une faute de l'Occident, car elle est à l'origine de plusieurs tensions politiques, sociales, économiques et culturelles. L'Occident, accusé de pillage, d'esclavage, d'assassinat, de mauvaise propagande du genre RFI, d'intoxication, pousse certains nationalistes à agir sur le sol occidental pour se venger.

C'est exactement ce qui s'est passé récemment en Égypte où le président Mohamed Morsi fut renversé alors qu'il a été élu démocratiquement. Par conséquent, les frères musulmans, se retrouvant dans l'opposition, s'en prennent à la population et aux touristes par des actes de terrorisme. Des mouvements revendicatifs passent à l'acte pour intimider les Occidentaux et les accusent de véhiculer une civilisation « Boko Haram » prônant l'égalité homme-femme, le mariage entre homosexuels, le pillage des ressources nationales, le maintien des dictateurs au pouvoir politique, etc.

Tous ces phénomènes suffisent à écœurer les âmes fragiles et provoquer des mouvements antioccidentaux. La démocratie est considérée comme fautive, engendrant des insurrections et facilite la prolifération des loups solitaires.

4.5 La politique de l'immigration

Loin d'un argument hasardeux, chaque chose a son contraire, c'est-à-dire sa thèse et son antithèse. À titre d'exemple, la vie et la mort, l'homme et la femme, le vrai et le faux, l'immigration et l'émigration. Attardons-nous sur la définition de ces deux mots.

L'immigration est l'acte par lequel des étrangers entrent dans un pays qui n'est pas le leur, soit pour y résider soit de façon passagère. Par opposition, l'émigration est l'acte par lequel une personne quitte son pays pour aller vivre dans un pays qui n'est pas le sien. En bref tous les pays connaissent à la fois l'immigration et l'émigration. Cependant, le mot « émigration» semble avoir disparu dans le langage médiatique ou dans les discours des autorités occidentales, omettant le fait que leurs citoyens voire leurs ancêtres auraient été les premiers migrants dans le monde. Ce fut le cas de Christophe Colomb (1451-1506), Vasco de Gama (1460-1526) et Magellan (1480-1521). La traite négrière, la colonisation, les programmes de coopération bilatérale reposent sur une émigration qui a été souvent sauvage. Pour l'immigration, on constate que les étudiants issus du Tiers-monde sont privés d'études en Occident, car les consulats ont reçu le mot d'ordre de ne pas attribuer les visas aux demandeurs voire aux étudiants, en tout cas ils ont reçu des consignes très strictes vis-à-vis de l'immigration. Ces étudiants francophones voulaient se donner la chance d'aller faire des études dans des domaines qui ne sont pas dispensés dans leur pays. Certains pays n'avaient pas d'université, comme c'est le cas des Comores qui ont eu dernièrement leur université, en 2006. Le manque cruel d'universités et le refus d'un visa ont bloqué des milliers d'étudiants qui souhaitaient partir étudier dans leurs anciennes colonies notamment françaises, anglaises, belges ou portugaises.

Les Occidentaux n'ont pas compris la nécessité de laisser venir chez eux des étudiants assoiffés de connaissances, et qu'un jour, ces pays d'accueil serviraient de modèles pour construire leur pays, au lieu de recourir à d'autres pays comme l'Iran, l'Irak et l'Égypte. La voie des universités a été ouverte en Égypte, en Iran, au Soudan où la principale faculté acceptant des étudiants étrangers était celle de la faculté de droit islamique. La célèbre université du

Caire est depuis prise d'assaut par des étudiants nigérians, nigériens, maliens, guinéens, sénégalais, comoriens, thaïlandais, philippins, afghans, pakistanais, et d'autres pays du Moyen-Orient.

La création des groupes islamistes comme Boko Haram, le GIA, sont les conséquences immédiates de ce refus de visas, car les djihadistes actuels sont des anciens étudiants, issus de ces universités. Pis, toutes les anciennes colonies se retrouvent actuellement en face d'une contradiction administrative, une administration bilingue, les francophones, les anglophones, les lusophones contre les arabophones, deux mondes qui n'ont pas forcément les mêmes réflexes ni raisonnements.

Aujourd'hui, les frontières sont devenues poreuses ; l'immigration est devenue incontrôlable. En conséquence, l'occident a la peur au ventre avec ces immigrés dont l'entrée en France a été favorisée par des passeurs. Ces derniers jouent également une part importante dans l'enrôlement des jeunes djihadistes, car la plupart d'entre eux sont venus en France grâce à des passeurs sans scrupules.

Ainsi donc, le refus du visa aux étudiants engendre aujourd'hui des conséquences incommensurables, comme notamment la prolifération des loups solitaires, qui ne sont que d'anciens demandeurs de visa, qui auraient été maîtrisés ou canalisés.

4.6 Les médias ou la liberté d'expression

Le monde assiste aujourd'hui aux erreurs du quatrième pouvoir reposant sur la rediffusion des déguerpissements de la population, l'égorgement des otages, et la diffusion d'images de djihadistes soi-disant en pleines prouesses telles que l'égorgement des humanitaires, des journalistes, des stagiaires et de leurs entrainements. Les médias sont une sorte de pompiers pyromanes amplifiants.

Force est de constater, que les télévisions nationales et internationales attisent le feu par le fait qu'elles montrent des images d'une guerre qui se passe au Moyen-Orient mettant la puce à l'oreille à des bledards. Ces télévisions telles que *Al -jazzera, FR24, I-Télé, BFM TV, CNN, I 24 News*, font l'apologie du terrorisme puisqu'elles rediffusent des images macabres, des gestes qui satisfont les auteurs de massacre. Les télévisions occidentales sont comparables à la célèbre radio rwandaise appelée *«radio mille collines»* à cause des rediffusions sur le massacre d'une partie de la population.

Quant à la liberté d'expression, elle n'est pas en reste. La faute en revient aux médias pour avoir facilité l'accès aux télévisions internationales via des bouquets d'abonnements qui montrent des bombardements des belligérants au Moyen-Orient. En conséquence, certains ressortissants ne supportent pas ces exactions contre leur pays d'origine, et trouvent ainsi une belle occasion de s'engager au combat contre ceux qu'ils appellent les « barbares occidentaux », avec des armes automatiques. Le bombardement de la population syrienne, d'un côté par son gouvernement et de l'autre côté par les Occidentaux, a choqué l'opinion publique internationale à travers les médias. Le show de ces derniers sur les évènements a une part de responsabilité sur le djihad en France. C'est donc bien aussi de la faute des médias pour avoir considéré le djihad comme étant la « une » des journaux depuis belle lurette.

4.7 Les TIC non maîtrisées

Les nouvelles technologies de l'information et de la communication (TIC) ne sont pas l'apanage des Occidentaux qui sont tout de même les inventeurs de cette technologie. L'État islamique s'est emparé des TIC pour recruter de nouveaux djihadistes, faire la propagande macabre et terroriser le monde entier.

Les Américains ne sont pas particulièrement à l'abri d'opérations de piratage d'envergure. Les TIC ne sont pas un gage de sécurité, et présentent de graves failles susceptibles d'avoir des incidences extrêmes sur les usagers nervis, et/ou naïfs, l'exemple d'une application installable sur smartphone sans autorisation et permettant de se connecter en temps réel avec le monde djihadiste.

Les TIC, à travers Skype, Viber, Snapshat et Telegram, facilitent les recrutements à l'insu des autorités.

Elles jouent un rôle d'uberisation du djihad avec le phénomène des loups solitaires.

Chapitre V – LA FAUTE DES PAYS MUSULMANS

5.1 L'islam hybride

Certains pays musulmans ne font que travestir l'islam par un système de corruption, d'injustice, de manque de liberté d'expression, de chômage de masse, et un mode vestimentaire provoquant des soulèvements des intégristes contre leurs propres pays. L'islam hybride sème la confusion dans le monde musulman.

C'est aussi un packaging pour la chute d'un régime au profit de mouvements djihadistes qui cherchent les failles d'un régime dont l'islam normal est relégué au second plan par les autorités.

Les pays musulmans n'ont rien appris du printemps arabe, qui a également contribué à l'existence d'un djihad occidental, notamment français.

5.2 La non-application du saint Coran

Ces pays musulmans qui ne respectent pas le saint Coran sont à l'origine de ce qui se passe en France.

Les salafistes arborent une constitution fondée sur le code de Napoléon à la place du saint Coran. Ce sont les pays musulmans qui abiment l'islam de France. Ils sont à l'origine de ce qui se passe aujourd'hui en métropole, voire en Europe. Pis encore, ces pays musulmans exercent une influence sur l'islam de

France avec des financements contestés par les autorités françaises.

5.3 Les immigrés de confession musulmane

L'attentat de Nice et l'égorgement du père Jacques Hamel, en 2016, démontrent qu'il est encore difficile pour les musulmans de séparer le bon gré de l'ivraie. La laïcité a subi un coup de Trafalgar. Et, pourtant, la France et l'islam normal s'aiment très bien, une chance pour les musulmans du monde entier qui exercent leur religion sans contrainte. La laïcité reçoit des coups de la part de certains musulmans zélateurs, oubliant que la France est une fenêtre ouverte du monde musulman. Les franco-musulmans ont eu l'autorisation de construire des mosquées et des locaux pour faire la prière l'un des 5 piliers de l'islam. Aujourd'hui, l'islam compte 2000 mosquées sur le territoire français, un pays à majorité chrétienne, quand bien même laïque, avec cinq millions de musulmans, soit la deuxième religion de ce pays.

Pour autant, les immigrés de confession musulmane doivent passer un savon contre ceux qui tentent de la souiller ou contribuer à la dérive sectaire. Ils doivent montrer patte blanche pour aider Monsieur Bernard Cazeneuve, un ministre très doué, assez prudent, très calme, apaisé et très efficace, à lutter contre le radicalisme. Ce sont les musulmans français qui abiment l'islam de France provoquant des actes de terrorisme sur le territoire national. Ces immigrés de confession musulmane sont également fautifs et facilitent le djihad.

Que chacun d'entre nous soit vigilant pour ne pas scier la branche sur laquelle nous sommes tous assis. L'islam de France subit des influences étrangères, notamment du Moyen-Orient. C'est la faute des immigrés de confession musulmane qui cherchent de l'aide au Moyen-Orient. *« Restons discrets »* comme le dit « l'imam » Jean-Pierre Chevènement.

5.4 L'ingérence de l'islam français

C'est à travers la volonté et le comportement des certaines autorités françaises, que certains musulmans croient qu'il y a une ingérence de l'islam français voire une violation de la loi du 9 décembre 1905 stipulant la séparation de l'Église et de l'État autrement dit l'indépendance réciproque de l'un et de l'autre.

A titre d'exemple, la nomination de Monsieur Jean Pierre Chevènement à la tête de l'islam français par le président de la République, est perçue comme étant une violation de l'article 4 (indépendance de l'Église et de l'État) et de l'article 5 (la liberté du culte) de la loi du 9 décembre 1905.

Outre cette violation de haut niveau, un grand nombre d'intellectuels comme Michel Onfray alias Ange Gabriel et Bernard-Henry Levi alias Satan, se livrent de façon interposée à des batailles au nom de l'islam. C'est une ingérence même si le premier soutient les musulmans contre Bernard-Henry Levi qui attise le feu, sachant que l'un et l'autre ne sont musulmans.

Une autre fois, des personnalités telles que Robert Menard, maire de Béziers, et Marine LE PEN s'immiscent pour avoir critiqué et calomnier les prières de rue en les qualifiant de prosélytisme.

Mieux encore, certains intellectuels comme Eric Zemmour continuent d'attiser le feu au risque de créer une implosion ou une guerre civile entre les communautés.

Quant à Muhammad Marwan, le Malcom X des franco-musulmans, ses actes ne font qu'attirer des auteurs d'ingérence lors de ses conférences mégalomanes.

Pour autant, Amar Lasfar se prend comme le Gamal Abdel Nasser de la place Monge, la grande mosquée de Paris où tous les organismes islamo-politiques se disputent du leadership provoquant des assassinats fratricides.

L'ingérence de l'islam français s'exprime également par quelques pays comme le Qatar, l'Algérie, l'Égypte, l'Arabie Saoudite qui tirent leur épingle du jeu avec un système de financement faramineux, agaçant les autorités françaises. Tous ces pays qui financent l'islam français sont à l'origine du djihad français.

Chapitre VI – LA FAUTE DES PRISONS À ÉCOLES BUISSONNIÈRES

Avant de parler du vif du sujet, il y a lieu de se demander à quoi sert la prison ?

La prison est une création assez récente car elle date de 1789, année de la révolution française. Elle a pour principal objet de priver de liberté, d'intimider et de préparer une réinsertion sociale à ceux qui ont transgressé la loi.

Loin d'être un hôtel à quatre étoiles, même si on y trouve la télévision, la radio et d'autres conforts, elle doit servir à lutter contre la récidive et punir les coupables par des travaux d'intérêt général.

Cependant la prison constitue aujourd'hui le lieu d'apprentissage de l'intégrisme, du terrorisme transformant les simples prisonniers de droit commun en véritables djihadistes. Le petit délinquant ressort diplômé d'une capacité de nuisance incroyable puisque les prisons disposent d'écoles buissonnières. On pourrait aussi croire que les prisons ne servent pas de leçons aux détenus.

La prison de Fleury-Mérogis est devenue une grande école d'officiers djihadistes pour avoir formé Khaled Kalkel, Salim ben Kassam, Mohamed Merah, Mehdi Nemouche et la dernière promotion de janvier 2015 celle des frères Kouachi et Amedy Coulibaly, tous des figures du haut terrorisme. La libération de ses prisonniers est désormais perçue par la société comme étant une épée de Damoclès, puisqu'il y a toujours récidive.

J'ai appris pendant ma jeunesse que des prisonniers étaient autodidactes et décrochaient des diplômes comme le baccalauréat ou la licence qui leur permettaient de s'intégrer dans la vie active. À la grande surprise, les gens ont l'impression que ces prisons sont vouées à la mission de former ces détenus en autoradicalisation. Les geôles ont des failles ; il est inconcevable que les prisonniers de droit commun puissent se radicaliser pendant leur séjour carcéral. Les prisons ne sont pas des écoles de la deuxième chance où l'étudiant chercherait à améliorer sa vie à travers une formation, mais elles sont plutôt des écoles d'une deuxième mauvaise chance, puisque le futur autoradicalisé y retournera lorsque ses tentatives de déstabilisation auront échouées.

Il est peut-être raisonnable de se demander s'il ne faut pas revoir les missions du service pénitentiaire au vu des faits générés par d'anciens prisonniers, qui sortent aguerris et prêts à en découdre avec les autorités en terrorisant la population victime d'une politique gouvernementale.

Si le djihad est en France, c'est la faute des prisons qui se substituent aux écoles de formation en vue d'une seconde chance.

Chapitre VII – LA FAUTE DE MARK ZUCKERBERG

Il est un des pères des réseaux sociaux du temps moderne.

Sa plateforme, Facebook, a facilité la communication entre des personnes éloignées les unes des autres en réduisant l'espace géographique. Tous les événements du monde entier sont rediffusés sur la toile au profit de toutes les communautés. Cependant, l'humanité est déstabilisée par le revers de la médaille, c'est-à-dire l'utilisation erronée de ce support médiatique comme étant un instrument de recrutement, de formation, de propagande contre la volonté de nos gouvernements.

Mark Zuckerberg doit nettoyer sa plateforme de certains éléments qui rongent la liberté d'expression, déstabilisent nos démocraties et incitent à la haine entre personnes de différentes religions. Ce site contribue à la propagande djihadiste qui consiste à inviter des enfants, des adultes fragiles, des femmes à émigrer vers la Syrie ou l'Irak, tout en sachant que tout le monde est hostile à une guerre sans fin. Facebook a permis à certains jeunes français de passer l'arme à gauche. Cela s'apparente à une contribution d'homicides.

Si le djihad est en expansion, c'est la faute de Mark Zuckerberg, le surdoué du pire, qui se doit d'aider les autorités à dénicher les profils barbares.

Chapitre VIII – LA FAUTE DES POLITICIENS

La loi doit être respectée par tous les citoyens qu'ils soient musulmans, chrétiens ou juifs. Le port du voile intégral, les médecins pour femme, la piscine, les cantines scolaires, le port du burkini, les viandes « halal », et la laïcité ne doivent pas faire objet de débats tant que chaque immigré de confession musulmane n'a pas assimilé les principes fondamentaux d'un pays non musulman, quand bien même l'islam constitue aujourd'hui la deuxième religion de France. Les politiciens sont appelés à la retenue au lieu d'attiser le feu.

C'est également la faute à certains politiciens qui pensent avoir un avantage électoral.

Chapitre IX – LA FAUTE DE M. SARKOZY POUR AVOIR BRADE LA LIBYE

Ce qui se passe actuellement en France reflète les conséquences directes du printemps arabe dont le président Sarkozy était probablement l'un des principaux artisans. L'ex-président a ouvert la boîte de Pandore en renversant le régime libyen, provoquant la naissance de l'État islamique en Irak, au Levant, et récemment en Libye où l'État islamique commence à s'installer. La guerre fait rage après la chute de Kadhafi et les armes attribuées aux rebelles libyens sont aux mains de Daesh, contre l'Occident. La chute du guide libyen a bouleversé les âmes sensibles, et a poussé ces dernières à la révolte contre les intérêts français.

Le djihad est également la faute de l'ancien président Nicolas Sarkozy pour avoir bradé la Libye.

Chapitre X – LA FAUTE DES NATIONS UNIES

Y en a-t-il parmi nous qui connaissent le bilan des Nations Unies ? À quoi servent-elles dans un monde déchiré par les guerres ?

Le djihad des Français est aussi la faute des Nations Unies qui n'arrivent pas à résoudre le problème israélo-palestinien, voire même les problèmes d'un petit pays comme l'Union des Comores avec son Île de Mayotte pourtant acquise par les résolutions N° 3 161 (XXVIII) et 3 291(XXIX) des Nations unies, stipulant l'indépendance des Comores. Les Nations Unies ne font que comptabiliser les morts des guerres civiles et ne songent jamais à trouver une solution pour endiguer les massacres du monde entier malgré son Conseil de sécurité. C'est de sa faute si demain la Russie et l'Iran constituent un nouvel ordre mondial avec un nouvel organisme puissant, soucieux de rendre justice à qui de droit.

A défaut de solutions concrètes les Nations Unies sont perçues comme étant un serveur d'enregistrement de discours insensés dont l'estrade n'est rien d'autre que celui d'une star académie des chefs d'états.

TROISIÈME PARTIE

L'EFFET DU DJIHAD

Chapitre I – LE DJIHAD CRÉE UN « EFFET BŒUF »

C'est un effet surprenant et inattendu, car le djihad continue de nous épater tous les jours avec son idéologie salafiste. L'invasion de l'Europe par les migrants, l'intervention de la Russie aux côtés de la Syrie, le retour de l'Iran au concert des nations, la nouvelle ère de l'islam, la naissance d'une « smart religion », l'annulation des festivités françaises, la naissance du Brexit, le djihad et les campagnes présidentielles de 2017, le tourisme en berne, les ventes d'armes et la baisse du chômage, l'augmentation de la cote de popularité du président François Hollande et le burkini ou le syndrome de Stockholm constituent un « *effet bœuf* » créé par le djihad.

1.1 Les migrants

L'Europe n'a jamais été aussi confrontée à un phénomène migratoire comme celui de ces derniers temps qui taraude les autorités occidentales. Ce phénomène migratoire tire son origine du printemps arabe qui semble être une boîte de Pandore.

Pour aller en Angleterre, neuf-mille migrants (9 000) sont coincés à Calais, sans compter les milliers relogés dans la France entière et les 150 000 morts ces dernières années au large de l'Europe.

Les migrants du printemps arabe ont rendu poreuses les frontières de l'Union Européenne. Les passeurs ont sonné le glas de l'espace Schengen, puisque les frontières sont inexistantes. Parmi ces migrants, beaucoup seraient des djihadistes infiltrés, animés de mauvaises intentions qui risqueraient de jeter l'anathème et la stupeur sur les Européens et plus particulièrement sur la France.

La paix des pays occidentaux est éventuellement compromise, car beaucoup de ces migrants sont des déserteurs des combats qui font rage, de l'Irak à la Syrie. Peut-être que d'ici six ans, certaines villes occidentales pourraient ressembler à Gaza ou Beyrouth, qui vivent quotidiennement sous les explosions. Si les Occidentaux ne font pas attention à l'immigration sauvage, Daesh pourrait se retrouver en masse dans les capitales occidentales. L'immigration sauvage est un « *effet bœuf* » avec sa croissance inattendue.

1.2 La Russie

La Russie, longtemps muselée par les Américains, sort de sa caverne pour sauver le soldat Bachar El-Assad. Le maintien de ce dernier malgré la coalition internationale prouve que la Russie est la puissance la plus rassurante aux yeux des pays sous-développés. L'intervention de la Russie en Syrie nourrit, entre autres, les fantasmes des gouvernants du Tiers-Monde, des nationalistes et des révolutionnaires du monde entier, qui croyaient que la Russie était une puissance en déclin, soumise au bon vouloir des États-Unis.
Monsieur Vladimir Poutine ne veut pas être accusé de non-assistance à des pouvoirs ou des personnes en

danger, comme il l'a été avec Saddam Hussein et Mouammar Kadhafi.

Les États-Unis abandonnent cette guerre contre le djihad, laissant la France seule, sachant que cette dernière n'a pas les mêmes objectifs que ceux de la Russie. Un nouvel ordre mondial se dessine sur le dos des Occidentaux. Il est celui d'une Russie plus forte, au point d'être la première puissance mondiale avec l'Iran, son apprenti nucléaire.

La Russie se bat contre la France pour sauver Bachar El-Assad. Il est surprenant de constater que la France a un nouvel ennemi, à part Daesh, la Russie qui défend la Syrie.

1.3 Le retour de l'Iran dans le concert des nations

Il est autant vrai que le bien peut sortir du mal et vice versa.

L'Iran, longtemps muselé, voit en la guerre une occasion pour un retour dans le concert des nations, en proposant des solutions pour arrêter la guerre civile syrienne, quand bien même il continue discrètement d'aider Damas sur tous les plans. L'Iran profite de ses années noires pour faire parler de lui afin d'être crédible aux yeux de la communauté internationale. Le régime se bat bec et ongles pour la victoire ou la paix à Damas.

1.4 La nouvelle ère de l'islam

Une nouvelle guerre froide portant la marque de l'islam a vu le jour avec le conflit syrien. Les deux anciens blocs, capitaliste et socialiste, s'affrontent à nouveau sur le plan religieux. En ligne de mire, le sunnisme et le shiisme, soutenus respectivement par les États-Unis et la Russie.

Toujours est-il que la question du successeur du prophète Mohamed n'est pas réglée depuis sa mort en date du 8 juin 632.

La Russie semble être la superpuissance dominante dans cette nouvelle guerre, car les Américains ont décidé de se retirer pour revoir leur stratégie. Autrement dit, ils ont baissé les armes devant la Russie qui semble être la gagnante de cette guerre contre le djihad. Ce dernier sera à l'origine du nouvel ordre mondial qui sera tracé par la Russie et l'Iran.

Monsieur Vladimir Poutine est en passe de devenir le nouveau calife que les Shiites ont longtemps attendu. Quant à moi, je dirai que l'opinion publique se demande si Poutine ne deviendrait pas musulman. Penserait-il être déjà le nouveau calife de l'islam ?

1.5 Le djihad en « smart religion »

L'avenir du djihad est à craindre avec l'utilisation accrue de smartphones pour acquérir des connaissances religieuses, faire de la propagande, mener des campagnes d'intoxication, s'informer, se former en ligne ou faire du recrutement pour le hidjra (l'émigration).

Nous sommes à l'ère d'une « smart religion » utilisant les applications intelligentes des smartphones pour tous les besoins. L'application « *Telegram* » est appréciée des djihadistes. Elle a été utilisée dernièrement par les assassins du père Jacques Hamel à Saint-Etienne–du-Rouvray.

A ce jour, le djihad utilise cette « smart religion » pour communiquer entre salafistes.

1.6 L'annulation des festivités françaises

La France n'a jamais été aussi terrorisée depuis la seconde guerre mondiale, période pendant laquelle le pays ne pouvait pas exercer sa souveraineté à cause de l'ennemi qui était aussi effrayant.

Daesh a réussi à faire annuler toutes les activités festives de l'après l'attentat de Nice qui a fait 85 morts et plusieurs blessés. L'État islamique a gagné la guerre contre l'Occident qui voit son tourisme dégringoler par faute de fréquentation. La France est en passe de devenir un pays à risques, quand bien même l'ennemi se trouve éloigné.
La grande braderie de Lille est annulée pour cause de menaces de terrorisme. Nombreux sont ceux qui réclament la continuité de la vie car le monde est ainsi fait et que les morts ne manqueront pas tant que nous sommes en vie.

L'économie touristique est en berne et le commerce lié à cette activité est ruiné par l'État islamique.

Cependant, l'annulation des festivités n'est pas un acte unanime sinon cela donnerait du poids à l'État islamique qui prendrait ces décisions comme étant un succès contre ses détracteurs. Inutile de barricader le pays pour ne pas donner une importance à ce groupe dont les actes macabres deviennent des prouesses.

1.7 La naissance du Brexit

Le Brexit, la sortie de l'Angleterre de l'Union Européenne, est la conséquence directe du terrorisme exercé par Daesh. Ce dernier a poussé le Royaume Uni à prendre cette décision, résultat d'une immigration encombrante issue des pays où l'État islamique est très actif.

L'Angleterre est au bord de l'implosion suite à ce référendum de juin 2016 dont l'État islamique est le principal gagnant. L'État islamique est en train de démolir l'Union Européenne, qui séduit exécrablement les extrémistes.

Le choc provoqué par le choix du Royaume Uni peut être considéré comme étant un complot de Daesh afin que l'Union Européenne se désengage de la guerre contre lui. L'immigration sauvage issue des pays en guerre a harcelé le Royaume Uni qui risque d'être un royaume désuni avec le départ des Pays du Nord, non favorables au Brexit.

1.8 Le djihad et les campagnes présidentielles de 2017

Les actes d'assassinat non ciblés et l'idéologie salafiste vont chambouler le programme politique des candidats aux élections présidentielles de 2017. L'identité française sera au menu de cette élection pour laquelle chaque candidat devra montrer ses capacités à assurer la sécurité de tous les Français ;

c'est d'ailleurs le point le plus pertinent qui va faire émerger le futur gagnant.

Jamais, la question de la sécurité nationale n'aura fait l'objet d'une polémique aussi délirante, suscitant des désaccords entre les français, ou les partisans d'une même formation politique.

Force est de constater la divergence entre le premier ministre français Manuel Valls et ses deux ministres, celles de la Santé, et de l'Éducation Nationale, respectivement Marisol Touraine et Nadjat Vallaut-Belkacem, au sujet des arrêtés anti-burkini.

1.9 Le tourisme en berne

L'un des « *effets bœuf* » le plus surprenant serait celui de la baisse de 4% du tourisme suite à plusieurs annulations de réservations de chambres d'hôtel au lendemain des attentats, car les étrangers ont peur de fouler le sol français.

C'est une situation inouïe que Daesh inflige à la France en la rendant infréquentable. Il s'agit là du même scénario que l'Occident a l'habitude de jouer, en conseillant à ses ressortissants de ne pas se rendre dans les pays du Tiers-Monde pour des raisons de sécurité.

C'est malheureusement le monde à l'envers. Les français doivent aider les autorités à lutter contre ce marasme qui tire à boulets rouges sur l'économie et la confiance de « l'Hexagone ».

1.10 Les ventes d'armes et la baisse du chômage

La France est sortie victorieuse, renforcée des guerres contre la Lybie, le terrorisme au Mali, en Irak, en Afghanistan et d'autres pays où le terrorisme faisait la pluie et le beau temps. Cette capacité de battre l'ennemi vaut son pesant d'or pour revendre ses armes.

L'Égypte, le Koweït, l'Inde, le Qatar, l'Arabie Saoudite ont fait d'importantes commandes qui ont joué un rôle dans la baisse du chômage.

De surcroit, « *l'effet bœuf* » joue son rôle puisque l'insécurité facilite le recrutement des agents de surveillance, un besoin loin d'être satisfait.

1.11 L'augmentation de la cote de popularité du président François Hollande

La fermeté du président François Hollande contre les terroristes de Daesh commence à porter ses fruits même si ces derniers sont ambigüs. C'est sa cote de popularité qui s'accroit pendant que le pays est en guerre. Encore une fois, on peut dire que le bien pourrait tirer son origine du mal. C'est « *l'effet bœuf* » car qui pouvait imaginer que Daesh donnerait un coup de pouce à François Hollande pour augmenter sa cote de popularité et faire rabaisser le chômage.

En conclusion, on est amené à croire que François Hollande s'en tire bien.

1.12 Le burkini ou le syndrome de Stockholm

Les arrêtés anti-burkini deviennent la pomme de discorde entre les Français. Des maires français croyaient aider des femmes musulmanes à sortir de la soumission en leur interdisant le port du burkini, vêtement imposé par leur religion. Paradoxalement, celles-ci ne veulent pas obéir à la loi anti-burkini, tout comme les personnes atteintes du syndrome de Stockholm. Le Conseil d'État a tranché le nœud gordien en autorisant le port du burkini pour éviter les amalgames, la stigmatisation entre communautés.

1.13 Le djihad et la trumpisation de la politique

L'élection de Donald TRUMP à la présidence des États Unis est la conséquence directe d'une lutte inefficace contre DAESH. L'État islamique a renversé l'établishement américain jugé de corruption, d'arrogance, d'injustice et contre-productif en matière de sécurité et de lutte contre le chômage.

Marine Le Pen, Jean-Luc Mélenchon, Emmanuel Macron, François Fillon et Bruno Le Maire souhaitent chacun bénéficier de l'effet TRUMP pour se faire élire à la tête de la présidence française.

Alors, l'effet TRUMP est-il transposable en France ?

QUATRIÈME PARTIE

LES SOLUTIONS PREVENTIVES À ENVISAGER

Chapitre I – LES SOLUTIONS ANTI-DJIHADISTES

Le djihad est une pathologie de l'islam dont le salafisme est considéré comme le germe principal.

Les pays occidentaux, et plus particulièrement la France, recherchent à tout prix une solution pour endiguer le mal qui gangrène une partie de leur population. L'État français, désemparé, a déclaré la guerre aux djihadistes, arguant la légitime défense.

Considérant que le djihad est une maladie difficile à guérir, il va falloir parler des solutions préventives à prendre contre celui-ci pour limiter le taux de recrutement et de marketing djihadiste.

1.1 Reconnaissance de la radicalisation

Reconnaitre la radicalisation comme étant la maladie des loups solitaires et celle de certains salafistes pourrait être un début de solution pour des patients ayant subi un lavage de cerveau. Sur ce point, la création d'un institut ou d'un centre médical de déradicalisation pourrait également servir à faire le sevrage des personnes radicalisées et réduire le taux de radicalisation. En conséquence, il va falloir faciliter le retour des personnes radicalisées qui accepteraient de se faire soigner et d'être géolocalisées au moyen d'un bracelet électronique durant une période définie.

La déradicalisation pourrait être l'insuline des djihadistes. Il faut excuser les retournés du djihad et exiger une vérité – réconciliation.

1.2 Création d'une fiche PR commune stratégique

La fiche PR est une fiche regroupant des personnes à risques.

Les assistants sociaux, les psychiatres, la police nationale, l'éducation nationale et la direction des renseignements généraux auraient intérêt à créer une fiche PR commune pour contrôler en amont et en aval les personnes accusées de petites ou de grandes délinquances ou celles qui ont également une fragilité psychologique. Une publication annuelle de cette fiche de personnes à risques contribuerait à réduire le djihad local.

1.3 La voie de l'isolationnisme

La France aurait évité le terrorisme si elle avait écouté Monsieur Dominique de Villepin, le seul éminent en géopolitique, qui aurait refusé l'intervention de la France dans la guerre du Golfe en 2003. A cette époque, il était Ministre des affaires étrangères du président Jacques Chirac, et a prononcé un discours aux allures d'un pays isolationniste.

La France a tout intérêt d'emprunter la voie de l'isolationnisme pour préserver sa sécurité intérieure car le terrorisme est une guerre internationalement inachevable. Il est impossible de mettre fin à cette guerre dont l'ennemi est géographiquement mobile.

Force est de constater que sa présence est simultanément en Irak, en Syrie et aujourd'hui on parle de la Lybie, sans savoir où va-t-il s'installer demain ?

L'idée de ne pas entrer en guerre lors de la guerre du Golfe et du Moyen-Orient était très excellente car elle aurait permis la paix et la stabilité au niveau national.

1.4 L'interdiction de prêcher dans les prisons

Interdire de prêcher ou d'apprendre une religion au sein des prisons pour éviter une radicalisation.

1.5 La lutte contre les ordinateurs en réseaux de culte islamique

Un ordinateur en réseaux islamiques est un ordinateur à usage religieux, c'est-à-dire qu'il sert à l'apprentissage du djihad, de la propagande et du recrutement des fidèles. Le réseau de culte islamique est le plus grand espace religieux des temps modernes. Il dépasse de loin toutes les grandes villes musulmanes cumulées de la planète.

Force est de constater qu'en France il y a 21 millions de foyers connectés, 61 millions d'abonnés en téléphonie mobile et 5 millions de musulmans. Les tablettes et les téléviseurs connectés jettent un pavé dans la mare, avec une prolifération des cyber-djihadistes. Avec ses cinq millions de musulmans, la France compte plus de terminaux connectés.

Tous les ordinateurs, tablettes, télévisions et smartphones connectés sont semblables à des mini-mosquées. Il va falloir trouver une parade pour contrôler ces terminaux à usage djihadistes

1.6 Les endroits à spéculation djihadiste

Les centres commerciaux, les magasins d'informatique, les stations d'essence, les tabacs, les garages d'automobiles et toutes les agences de location constituent des endroits où se côtoient plusieurs apprentis ou djihadistes confirmés. Il est important de bien veiller sur ces endroits avec un service de renseignements généraux ou un système de vidéosurveillance relié à un centre de contrôle indépendant pour être exploité ultérieurement par les autorités en cas de besoin.

1.7 L'implication massive d'une catégorie professionnelle

Renforcer le plan Vigipirate avec une implication massive de tous les agents de sécurité privée.

1.8 Le contrôle de la porte du djihad

L'aéroport d'Orly est perçu comme étant la porte principale pour ceux ou/et celles qui veulent se rendre au djihad, et pourtant le voyage est loin d'être à la dérobée.

Il est possible de réduire l'affluence djihadiste en imposant quelques contrôles sur les personnes susceptibles d'organiser des voyages vers la Turquie, que je qualifie de passerelle mortelle car il est assez rare que les candidats à la mort reviennent du voyage maudit.

Ces contrôles sont les suivants :

• recaler les mineurs qui souhaiteraient prendre l'avion pour la Turquie pendant les périodes scolaires,
• demander une attestation employeur de prise de disponibilité pour les employés adultes, car il est inconcevable que les gens partent en voyage privé avant l'été,
• limiter les départs vers la Turquie pour les adultes âgés de 19 à 30 ans, car certains d'entre eux ne sont pas aguerris des idéologies fallacieuses,
• consulter la fiche des personnes à risque ou fichier S pour recaler les futurs voyageurs enregistrés sur celles-ci.

1.9 Éviter l'ingérence

Les pays occidentaux, notamment la France, doivent laisser les pays du Tiers-Monde à disposer d'eux-mêmes, afin de ne pas être accusés d'ingérence. Cette dernière est souvent source de conflit entre états et mouvements révolutionnaires. L'implication occidentale sur le printemps arabe a aujourd'hui une responsabilité dans l'immigration sauvage et la naissance de Daesh. De plus, le Brexit est une des conséquences directes de l'ingérence dans les pays où la guerre civile engendre des mouvements migratoires.

Peut-être que les gouvernements occidentaux feraient mieux de mener une diplomatie à la chinoise qui consiste à respecter la souveraineté des états d'un pays ayant une représentation diplomatique.

C'est la faute de l'ingérence si certains pays mènent une vie de bâton de chaise.

1.10 Le visa étudiant

Attribuer le visa à tous les étudiants francophones qui en font la demande.

Certains pays occidentaux ayant une histoire coloniale avec des pays du Tiers-Monde continuent à tourner le dos aux anciennes colonies sous prétexte qu'ils ne peuvent accueillir « toute la misère du monde », sous-entendu « tous les demandeurs de visas ».

Les étudiants des pays francophones n'appartiennent pas à cette « misère du monde », mais ils peinent tout autant pour obtenir un visa d'étudiant qui leur permette de poursuivre leurs études en métropole. La France se doit d'assurer un service après décolonisation afin de perpétuer la culture civilisatrice léguée à ses colonies. Ainsi l'attribution de visas étudiants donnerait à la France la possibilité de marquer sa présence culturelle et d'assurer ainsi la paix entre les anciennes colonies et la métropole.

Le choc de civilisations est l'expression de deux visions du monde différentes, l'une francophone et l'autre arabophone, issues d'universités différentes. Force est de constater qu'il existe dans certains pays d'Afrique francophone deux catégories d'employés venant pour les uns de la francophonie et les autres de l'arabophonie. Ce sont ces derniers qui, à défaut de s'insérer, profèrent des menaces envers les Occidentaux en les accusant d'ingérence et de soutien à des gouvernements potiches. L'attribution des visas étudiants aux candidats à l'immigration pourrait réguler et baisser la montée du djihad en Occident et, plus particulièrement en France. Le fait de ne pas attribuer de visa aux étudiants bloque la diffusion de la culture française, car ceux-ci se réfèrent aux autres pays où ils ont fait leurs études pour trouver une solution à un problème donné.

A titre d'exemple, les Comores avaient élu un président ayant fait ses études en Iran. L'ex-président comorien, son excellence M. Mohamed Abdallah Sambi n'a jamais caché son adoration pour l'Iran, au point d'avoir convié M. Mahamoud Ahmadinejad à se rendre aux Comores. L'Iran est resté son modèle de référence pour développer les Comores ; durant ses études à la Faculté de droit islamique de Téhéran, l'ex-président n'a jamais croisé ou eu d'amis occidentaux. En conséquence, la France a perdu son influence aux Comores durant les cinq ans de mandature du président Abdallah Sambi.

Pour mettre fin au djihad, les Occidentaux, et plus particulièrement à la France, devraient attribuer un visa à tous les étudiants ayant obtenu le baccalauréat afin d'assurer la perpétuité de la culture, de la civilisation, de la liberté d'expression, des droits de l'Homme et des principes de la laïcité de ce pays qui constituent un gage de sécurité contre les détracteurs.

1.11 La langue française doit faire son djihad

Le français classé à la dixième place sur les 25 premières langues du monde est parlé par 116 millions de personnes dans le monde sur 7 409 953 293. Parfois la langue française cohabite avec d'autres langues qui lui font concurrence, voire des tensions linguistiques.

La langue française doit faire son djihad pour exister dans un monde où cette langue est tirée à boulets rouges par des nationalistes qui considèrent que le français est la langue du colonisateur, et souhaitent l'abandonner. Tel est le cas du Rwanda avec ses 8 millions d'habitants qui parlaient français, une imputation linguistique non négligeable.

A cela s'ajoute l'anglicisme, le langage en SMS et des réseaux sociaux.

L'État français doit à la fois faire l'interventionnisme et une planification linguistique pour que le français reste stable. C'est la raison pour laquelle on doit aussi attribuer le visa à tous les ressortissants francophones qui sont les seuls à surveiller son expansion. C'est le djihad de la langue française.

1.12 Dissoudre l'U.O.I.F et le C.C.I.F

La loi du 05 décembre 1901, celle de la séparation de l'État et de l'Eglise semble être détournée par les acteurs du prosélytisme notamment l'Union de l'Organisation de l'Islam de France (U.O.I.F) et le Collectif Contre l'Islam de France (C.C.I.F).

Ces deux organismes sont instrumentalisés au service d'un islamisme politique. Ils servent de socle pour le recrutement des futures djihadistes français.

Ils doivent être, ainsi que leurs partenaires, tout simplement dissouts car ils ne font que raviver les plaies des attentats. Aux Comores, pour minimiser le mzungou (le blanc) orgueilleux, on leur dit ceci : « *Les belles voitures restent à Paris* ». Cette expression signifie que les vrais intellectuels sont restés en France et ne sont jamais détachés de leurs postes pour travailler à l'étranger. Par analogie, les vrais musulmans sont restés chez eux et non à Paris. Pour mener à bien sa religion, il faut rester soit au Moyen-Orient soit dans les pays du golfe ou au Pakistan.

CINQUIÈME PARTIE

LA POSITION DU GOUVERNEMENT ET DES CITOYENS FRANÇAIS

Chapitre I – LES MÉRITES DU GOUVERNEMENT ET DES CITOYENS FRANÇAIS

1.1 Pour le gouvernement

Il assure la sécurité de tous les citoyens et conseille ces derniers à ne pas faire d'amalgames. Les autorités tiennent bon et mettent en garde contre toute stigmatisation qui pourrait être à l'origine des dérives secteurs.
L'État Français est vraiment responsable au regard de ce qui se passe en France car rares sont les pays qui ne ripostent pas contre la barbarie. Il a ainsi su éviter une guerre civile.

Le Conseil d'État a suspendu la loi anti-burkini pour le respect de la liberté des citoyens, qui sont égaux devant l'espace public.

1.2 Pour les citoyens

Il est celui d'un peuple mur, aguerri qui ne cède pas à la manipulation des salafistes qui cherchent à semer la confusion entre musulmans et chrétiens pour déstabiliser l'ordre public. L'attentat de Nice a failli engendrer une guerre civile entre les chrétiens et les musulmans. Heureusement, les citoyens français connaissent les intentions de l'ennemi.

Force est de constater que les Français sont un peuple étonnant qui fait montre de courtoisie envers ceux qui souhaitent sincèrement s'y intégrer.

CONCLUSION

La France, pays laïc et l'une des grandes démocraties occidentales, se trouve confrontée à une idéologie surréaliste, celle du salafisme, qui continue à la vilipender et à enrôler sa progéniture pour une guerre qui n'est pas la sienne.

Toutes les catégories professionnelles sont atteintes par cette pathologie de l'islam, une épidémie dont la faute incombe à l'islam salafiste, aux assistants sociaux, aux réseaux sociaux, aux Occidentaux qui sont tous à l'origine d'un extrémisme islamique à outrance engendrant la naissance du djihad français.

L'auto djihad, qui est celui de la maîtrise de soi, le moins connu, alors qu'il est pratiqué par la majorité des musulmans, a du pain sur la planche pour s'ériger en religion normale sans histoires.

L'intervention des Occidentaux dans le printemps arabe a également donné naissance à Daesh, à l'immigration sauvage, à la montée en puissance de la Russie, à l'affrontement de la France contre la Russie et à la naissance du Brexit.

Le sunnisme et le shiisme s'affrontent à nouveau sous l'étiquette des anciens blocs du capitalisme et du socialisme. La Russie semble sortir vainqueur de cette nouvelle guerre. Daesh ne vivra pas très longtemps, car Vladimir Poutine veut, coûte que coûte, sauver le soldat Bachar El-Assad, dessiner un nouvel ordre mondial et devenir le Calife du shiisme. Ainsi, Daesh et le Brexit sont la conséquence directe d'une mauvaise gestion politique post coloniale et d'un manque de neutralité à l'égard des belligérants.

La guerre contre le salafisme a engendré un « *effet bœuf* » comme celui de la présence de l'Iran au concert des nations.

Le djihad veut ruiner ce beau pays dans lequel nous sommes tous bien accueillis et protégés. Comme disent les politiciens, « la France, on l'aime ou on la quitte ».

Aux Comores, on dit que « *les belles voitures restent à Paris* » ; par analogie, les vrais musulmans sont restés à Médine.

Le pays de Jean-Jacques Rousseau, auteur du contrat social, n'a pas vocation à abriter des organismes prosélytes et mal intentionnés.

La lutte efficace contre le djihad doit commencer par la dissolution pure et simple de l'O.U.I.F et du C.C.I.F, qui se croient être dans une république islamique et bananière.

BIBLIOGRAPHIE

- *La France du djihad, François Vignolle, A. Ahmed Chaouch, Éditions du Moment, 2014.*
- *Les Français djihadistes*, David Thomson, Les Arènes, 2014.
- *Histoire de l'islam : Fondements et doctrines*, Sabrina Mervin, Éditions Flammarion, 2000.
- *La nouvelle orthographe expliquée à tous*, Dominique Du priez. Albin Michel, 2016.
- *Le retour des djihadistes*, Patrick Cockburn, Équateur 2014.

Tables des matières